ŒUVRES COMPLÈTES

DE

EUGÈNE SCRIBE

DE L'ACADÉMIE FRANÇAISE

RÉSERVE DE TOUS DROITS

DE PROPRIÉTÉ LITTÉRAIRE

En France et à l'Étranger

ŒUVRES COMPLÈTES
DE
EUGÈNE SCRIBE

DE L'ACADÉMIE FRANÇAISE

OPÉRAS

COMIQUES

MADAME GRÉGOIRE
LA BEAUTÉ DU DIABLE
LA FIANCÉE DU ROI DE GARBE
L'OURS ET LE PACHA

PARIS
E. DENTU, LIBRAIRE-ÉDITEUR
PALAIS-ROYAL, 17-19, GALERIE D'ORLÉANS.

1880

Soc. an. d'imp. P. DUPONT, Dr. Paris. — (Cl.) 212.3 80.

MADAME GRÉGOIRE

OPÉRA-COMIQUE EN TROIS ACTES

En société avec M. H. Boisseaux

MUSIQUE DE A. L. CLAPISSON.

THÉATRE-LYRIQUE. — 8 Février 1861.

PERSONNAGES.   ACTEURS.

DASSONVILLIERS, lieutenant de police. MM. Wartel.
GASTON, son neveu . . . .   Fromant.
LA RENAUDIÈRE, son secrétaire. . . .   Gabriel.
ZURICH . . . .   Lesage.
LE COMTE DE VAUDREUIL. . . . .   Delaunay-Riquier.
BOULE-DE-NEIGE, nègre de Mme de
   Pompadour . . . .   —

Mme GRÉGOIRE, hôtesse du *Vert-Galant*. Mmes Roziès.
GABRIELLE, femme de Dassonvilliers. .   Moreau.
LUCETTE, sa filleule. . . . .   Marie Faivre.

Gens de l'hôtel. — Seigneurs. — Soldats du guet. — Grisettes. — Bourgeois. — Peuple.

Chez le lieutenant de police, au premier acte ; dans le cabaret de madame Grégoire, au deuxième acte ; à l'hôtel Dassonvilliers, au troisième acte.

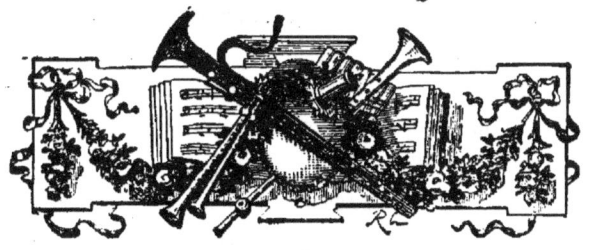

MADAME GRÉGOIRE

ACTE PREMIER

Chez le lieutenant de police. — Un cabinet qui communique avec tous les appartements. — Porte au fond, quatre portes latérales. Fenêtre, bureau et papiers rangés.

SCÈNE PREMIÈRE.

DASSONVILLIERS, LA RENAUDIÈRE.

(Dassonvilliers est en train d'écouter la lecture d'un rapport.)

DASSONVILLIERS.

Continue ton rapport... tu disais donc, la Renaudière?...

LA RENAUDIÈRE.

Qu'on a volé tous les diamants de la duchesse d'Egmont.

DASSONVILLIERS.

Ce n'est pas vrai.

LA RENAUDIÈRE.

Mais cependant, monsieur le lieutenant de police, le rapport le dit.

DASSONVILLIERS, changeant de ton.

Le rapport est un sot, et toi aussi! La duchesse a fait vendre son écrin pour payer l'équipement d'un jeune officier de Royal-Berry.

LA RENAUDIÈRE.

Ah! bah!

DASSONVILLIERS.

Poursuis.

LA RENAUDIÈRE, lisant.

« Hier, à la nuit close, on a arrêté dans Versailles, un « audacieux coquin qui tentait une escalade, rue des Ré-« servoirs... » Qu'ordonnez-vous de lui?

DASSONVILLIERS.

J'ordonne qu'on le relâche... et qu'on lui fasse des excuses...

LA RENAUDIÈRE.

Ah! bah!

DASSONVILLIERS.

Oui; le voleur, c'est le comte de Brissac qui était en train de rendre une visite à la marquise de... bon! j'allais te la nommer.

LA RENAUDIÈRE.

C'est étonnant... c'est admirable... moi, secrétaire intime de monsieur le lieutenant de police, je ne conçois pas comment fait monseigneur pour ne jamais se tromper!

DASSONVILLIERS.

D'abord je crois toujours le contraire de ce que disent les rapports.

LA RENAUDIÈRE.

Et tout ce qui se fait, tout ce qui se chante dans Paris, vous le savez à l'instant même.

DASSONVILLIERS.

Je m'en vante, c'est mon état.

LA RENAUDIÈRE.

Je ne suis pas curieux, mais si j'osais demander à monseigneur des nouvelles politiques ?...

DASSONVILLIERS.

Est-ce que j'en sais? Est-ce que je suis de la cour?

LA RENAUDIÈRE, à part.

Flattons-le. (Haut.) Sans être de la cour, monseigneur sait ce qui s'y passe mieux que le roi lui-même.

DASSONVILLIERS, avec importance.

Peut-être bien!

LA RENAUDIÈRE.

Sa Majesté est toujours éprise de madame de Pompadour?

DASSONVILLIERS, de même.

Tout le monde le croit, mais moi, j'ai des raisons de penser que la faveur de la marquise est à son déclin.

LA RENAUDIÈRE.

Ah! bah!

DASSONVILLIERS.

Elle vieillit. Et le roi s'occupe en ce moment d'une autre personne, que nul ne connaît encore, mais que je connaîtrai... Je n'en serai pas fâché pour la Pompadour, qui, depuis si longtemps, me promettait le titre de baron, qu'elle ne m'accorderait jamais.

LA RENAUDIÈRE.

Sans compter qu'elle était avec nous autres, et avec vous-même, monseigneur, si fière et si impertinente...

DASSONVILLIERS.

Silence! elle est encore en place! (A demi-voix.) et ce que je t'ai dit là, La Renaudière, est un secret qu'il faut garder, sous peine de la Bastille.

LA RENAUDIÈRE.

Aussi je le garderai.

DASSONVILLIERS.

Oui, toi! mais les autres toi-même! As-tu une maîtresse, la Renaudière ?

LA RENAUDIÈRE.

Moi! par exemple! (A part.) Seigneur! se douterait-il ?...

DASSONVILLIERS.

Tous les secrets échappent en amour! et si je découvrais que mon secrétaire fût amoureux, je serais obligé de le renvoyer.

LA RENAUDIÈRE, à part.

O ciel!

DASSONVILLIERS.

Moi qui te parle, la Renaudière, Dieu sait si j'aurais aimé les dames! j'y ai renoncé par amour pour mon état... Suis mon exemple.

LA RENAUDIÈRE.

Oui, monseigneur.

DASSONVILLIERS.

Sévère dans mes mœurs, j'ai un intérieur irréprochable. Ma femme, toujours renfermée au logis, est la vertu même; ma nièce Lucette, qui lui sert de demoiselle de compagnie, n'a d'inclination que pour le couvent. Et Gaston, son cousin, garçon pieux et réservé, entre demain mercredi des Cendres, au grand séminaire. Cela fait bien dans une famille... Silence!...

SCÈNE II.

LES MÊMES; BOULE-DE-NEIGE.

DASSONVILLIERS.

C'est Boule-de-Neige, le nègre et le muet de madame de Pompadour! J'étais en train de faire l'éloge de ton auguste maîtresse! (Boule-de-Neige lui remet un papier. Dassonvilliers le parcourt; à part.) Encore de nouveaux ordres! des recherches à faire!... Quel ennui!... (Haut.) Trop heureux d'obéir à madame la marquise... elle peut compter sur moi.

(Boule-de-Neige sort.)

SCÈNE III.

DASSONVILLIERS, LA RENAUDIÈRE.

LA RENAUDIÈRE.

Qu'est-ce donc?

DASSONVILLIERS.

Écoute! (Lisant.) « Quelques conspirateurs jaloux de mon « pouvoir songent à élever contre moi une rivale! On l'a « fait voir au roi qui l'a remarquée. Quelle est-elle? Il faut « la découvrir parmi toutes les coquettes de Paris... » (s'interrompant.) Comme c'est facile! (Continuant.) « De plus, on « vient de composer contre moi un noël infâme qui com- « mence par ces mots :

« Cotillon deux de son endroit
« Un jour vint par le coche...

« On dit qu'aux mains elle avait froid,
« Elle les mit dans nos poches. »

LA RENAUDIÈRE, riant.

Tiens ! c'est drôle !

DASSONVILLIERS, de même.

C'est fort drôle ! (Continuant.) « Ce noël a été imprimé en « Hollande. Un ballot d'exemplaires a passé la frontière... »

LA RENAUDIÈRE.

Le saviez-vous ?

DASSONVILLIERS.

Parbleu ! mais tant qu'on n'en a pas distribué ni chanté, on ne peut arrêter personne... quelque envie qu'on en ait. (Continuant.) « Deux cent mille livres de récompense pour « vous, si l'on saisit l'édition entière ou presque entière. »

LA RENAUDIÈRE.

Deux cent mille livres !

DASSONVILLIERS.

Oui. C'est l'État qui paiera. (Continuant.) « Surveillez les « guinguettes, salles de bals, cabarets... » (A la Renaudière.) Qu'est-ce qu'une petite madame Grégoire, hôtesse du *Vert-Galant* ?

LA RENAUDIÈRE, troublé.

C'est... c'est une cabaretière... (A part.) Je dois rougir pour sûr.

DASSONVILLIERS.

C'est évident. Quelqu'un, ma femme je crois, m'en parlait hier...

LA RENAUDIÈRE.

Mais en effet, elle est sœur de lait ou filleule de madame Dassonvilliers et lui est même fort dévouée.

DASSONVILLIERS.

Ce sont des détails, dont je ne me mêle pas, mais elle

tient un cabaret... et dans tes rapports tu ne m'en as jamais dit un mot.

LA RENAUDIÈRE.

Par une raison bien simple ; je n'avais rien à en dire. Maison tranquille, exacte, qui ferme de bonne heure.

DASSONVILLIERS.

Et la cabaretière... Madame Grégoire ?...

LA RENAUDIÈRE.

Sage, modeste et dévouée au roi... (A part.) Je dois être écarlate !

DASSONVILLIERS.

Est-elle jolie ?

LA RENAUDIÈRE.

Charmante ! (A part.) Je mets trop de chaleur !

DASSONVILLIERS.

Je veux la voir ; fais la venir ici, ce soir même.

LA RENAUDIÈRE.

Mais, monsieur...

DASSONVILLIERS.

Je le veux !

LA RENAUDIÈRE, à part.

O jalousie !

DASSONVILLIERS.

Deux cent mille livres !... Tu m'as compris ; ainsi mets nos gens en campagne et tout le guet sur pied.

(La Renaudière salue et sort.)

1.

SCÈNE IV.

DASSONVILLIERS, GABRIELLE, LUCETTE, entrant de deux côtés.

GABRIELLE.

Monsieur...

LUCETTE.

Monsieur...

DASSONVILLIERS.

Qu'est-ce? ma femme! ma nièce!

GABRIELLE.

Je voudrais vous parler.

DASSONVILLIERS.

Impossible à présent!

LUCETTE.

Le souper est servi.

DASSONVILLIERS.

Eh! je n'ai pas le temps... c'est à dire si : Lucette, fais porter le mien dans mon cabinet, je souperai seul.

(Lucette sort.)

GABRIELLE.

Pourtant, je désirais...

DASSONVILLIERS.

Vous désiriez m'entretenir des affaires de céans. C'est bon! ça va tout seul. Celles du dehors m'absorbent. Il s'agit de chansons, non... de conspirations d'où dépend l'honneur d'une favorite, entendez-vous? l'honneur de madame de Pompadour... qu'il me faut surveiller! Comprenez-vous quelle tâche! quelle responsabilité! et vous venez me parler de futilités quand il me faut passer la nuit à chercher et à découvrir un secret que je saurai... je le saurai! Bonsoir, bonsoir!

(Il sort.)

SCÈNE V.

GABRIELLE, seule.

Il sait tout... excepté ce qui se passe chez lui! Pour les secrets d'État, il a des yeux d'Argus; pour ceux de son ménage, il a ceux d'un mari!... Depuis quinze jours, il est quelqu'un dont les assiduités m'inquiètent... quelqu'un qui ne s'est pas déclaré, il est vrai! Mais partout je le rencontre, partout ses yeux semblent attachés sur les miens. Il me semble que c'est mon mari qui devrait d'abord s'en apercevoir!... et il n'y a encore que moi... Qui vient là?... c'est Lucette.

SCÈNE VI.

GABRIELLE, LUCETTE, avec un gros bouquet.

LUCETTE.

Ah! ma tante! voilà une aventure!

GABRIELLE.

Qu'est-ce donc?

LUCETTE.

Je venais de faire porter le souper de M. Dassonvilliers dans son cabinet, lorsqu'on frappe à la porte du jardin... personne pour ouvrir! « Vas-y, me dit mon oncle avec impatience, et surtout ne reviens pas! » Un beau domestique en grande livrée se présente. — « Ceci, me dit-il à voix basse, pour madame Dassonvilliers, pour elle seule,

« entendez-vous? ou tremblez !... » Et il disparaît, me laissant stupéfaite, avec ce gros bouquet à la main ! De pareilles fleurs, en plein hiver, le mardi gras !

GABRIELLE.

En effet ! on en voit rarement d'aussi belles.

LUCETTE.

Il n'y en a pas même dans les serres de Versailles

GABRIELLE.

Et ce domestique n'a pas dit autre chose ?

LUCETTE.

Non ! « Silence ! ou tremblez ! »

GABRIELLE.

Et ce domestique ne portait pas une livrée bleu de ciel et argent ?

LUCETTE.

Celle de monsieur le comte de Vaudreuil, non ; c'était une livrée que tout le monde connaît, gros bleu et or.

GABRIELLE.

Celle du roi, ce n'est pas possible.

LUCETTE.

C'est pourtant cela !

GABRIELLE.

Va demander à mon mari ce que cela signifie.

LUCETTE.

Pas moyen ! Il est renfermé dans son cabinet, et si j'avais quelque chose à lui dire, ce ne serait pas cela.

GABRIELLE.

Quoi donc ?

LUCETTE.

Quelque chose qu'il ignore !

GABRIELLE.

Lui qui sait tout!

LUCETTE.

Mais je n'ose pas! tant il est sévère. Et j'aurais mieux aimé me confier à vous, ma tante, si je ne craignais votre sagesse et vos principes rigides!

GABRIELLE, à part.

Mes principes, ma sagesse! (Haut.) Fais comme si je n'en avais que ce qu'il faut pour être indulgente.

LUCETTE.

Merci! merci, ma bonne tante!... Eh bien! mon oncle croit que je veux entrer au couvent. Jamais, jamais!

GABRIELLE.

Il pensait que c'était ta vocation.

LUCETTE.

Parce qu'il ne se doute pas que j'ai des idées de mariage arrêtées... très-arrêtées.

GABRIELLE.

Est-il possible? Lui qui me disait hier encore : « Lucette ne songe à rien, n'aime rien! »

LUCETTE.

Au contraire, ma tante, j'aime quelqu'un.

GABRIELLE.

En vérité! Silence, car voilà Gaston mon neveu.

SCÈNE VII.

Les mêmes; GASTON.

GASTON, sortant de la chambre à droite, avec colère.

Partir demain! Ah bien oui! plutôt mourir!

GABRIELLE.

Qu'est-ce donc?

GASTON.

Gervais qui a reçu de M. Dassonvilliers l'ordre de me conduire demain au grand séminaire.

GABRIELLE.

Mon mari m'a toujours assuré que tu étais né pour cela, pour l'étude, pour la retraite.

GASTON.

Moi qui n'aime que le monde, la joie et le plaisir!

GABRIELLE.

Il prétendait que tu étais doux et timide.

GASTON.

Moi! (Avec colère.) Dans ce moment, voyez-vous, je chercherais dispute à tout le monde.

GABRIELLE.

Et pourquoi, mon Dieu?

GASTON.

Parce que je suis furieux! parce que je suis amoureux... Oui, ma tante! j'ai là un amour au cœur.

GABRIELLE.

Comme Lucette! Elle aime quelqu'un.

GASTON, d'un air fâché.

Quoi! Lucette! vous ne m'aviez pas dit cela, à moi votre cousin, c'est bien mal!

LUCETTE, de même.

Quoi! Gaston! j'ignorais... c'est affreux.

GABRIELLE.

Voyons! voyons, mes enfants, il y a peut-être moyen de s'entendre et, pour cela, j'attends de vous une confession complète; toi Gaston, commence.

GASTON, à part.

Parler devant Lucette!... lorsqu'elle en aime un autre... non, non, jamais!

TRIO.

GABRIELLE, à Gaston.
Ton rêve est une blonde fille?

GASTON.
Non pas!

GABRIELLE.
Une âme sans détours!

GASTON.
Non pas!

GABRIELLE.
Son front rayonne et brille...

GASTON.
Non pas!

GABRIELLE.
Au feu des purs amours.

GASTON.
Non vraiment, c'est tout le contraire!

LUCETTE, à part.
Ce n'est pas moi, la chose est claire.

GABRIELLE, de même.
Je n'y suis plus en vérité!...

GASTON, de même.
Du moins mon secret m'est resté.

Ensemble.

LUCETTE.
Non, non, ce n'est pas moi qu'il aime,
Et son aveu le prouve bien!...

Hélas! que ne puis-je de même
Oter son souvenir du mien!
Mon pauvre cœur, il faut te taire,
Que ce regret reste un mystère;
Souffre tout bas, mais sois discret,
Et garde bien ton doux secret!
Tais-toi, tais-toi, reste discret,
Et garde bien ton doux secret!

GASTON.

Malgré moi, je l'aime! je l'aime!
Hélas! quel malheur est le mien...
Je lutté en vain contre moi-même,
Et ce tourment est mon seul bien!
Mon pauvre cœur, il faut te taire,
Que ce regret reste un mystère;
Souffre tout bas, mais sois discret,
Et garde bien ton doux secret!
Tais-toi, tais-toi, reste discret,
Et garde bien ton doux secret!

GABRIELLE.

Tout ceci me semble un problème,
Et je vois à cet entretien,
Que par prudence ou par système
Il tiendra bon, ne dira rien!...
Puisque, s'entourant de mystère,
Malgré mes soins il veut se taire,
Je dois différer mon projet
Et respecter son doux secret!...
Ne disons rien, j'ai mon projet...
Et respectons son doux secret!

GABRIELLE, s'adressant à Lucette.

A toi!

GASTON, prenant la parole et avec dépit.

Son rêve est un beau gentilhomme!

LUCETTE, avec dépit.

C'est vrai!

GASTON.

Fameux par ses aïeux...

LUCETTE, de même.

C'est vrai!

GASTON, de même.

Qu'à la cour on renomme..

LUCETTE, de même.

C'est vrai!

GASTON.

Très-riche et généreux!

LUCETTE.

Oui vraiment, un millionnaire!

GASTON, à part.

Ce n'est pas moi, la chose est claire!

GABRIELLE, de même.

Je n'y suis plus en vérité!...

LUCETTE, de même.

Du moins, mon secret m'est resté!

Ensemble.

GASTON.

Non, non, ce n'est pas moi qu'elle aime, etc

LUCETTE.

Malgré moi, je l'aime, je l'aime! etc.

GABRIELLE.

Tout ceci me semble un problème.
Et je vois à cet entretien
Que par prudence ou par système
Tous deux ici ne diront rien!...
Puisque, s'entourant de mystère,

Ils sont décidés à se taire,
Je dois différer mon projet
Et respecter leur doux secret!
Ne disons rien, j'ai mon projet...
Et respectons leur doux secret!

GABRIELLE, *aux deux jeunes gens.*

S'il est ainsi, plus d'espérance!
Tous les deux comment vous guérir?

GASTON, *avec dépit.*

Un seul moyen! par le plaisir!

LUCETTE, *de même.*

Un seul moyen! l'indifférence!

LUCETTE et GASTON.

Pourquoi voir
Tout en noir?
Livrons-nous à l'espoir!
Qui vivra
Verra!...
S'étourdir
Et courir
Au devant du plaisir...
Tout est là,
Oui-da!
De ce doux charme-là
Qui saura se servir
Toujours se guérira!
Ah! ah!

UN DOMESTIQUE, *annonçant.*

Monsieur le comte de Vaudreuil.

(Mouvement de surprise de Gabrielle ; M. de Vaudreuil paraît, le domestique se retire.)

GABRIELLE, à part.

Il y met de la persistance.

(A M. de Vaudreuil.)
Pour mon mari, vous venez?

M. DE VAUDREUIL.

Non vraiment,
Et de vous seule en ce moment
Je sollicite une audience!

LUCETTE, vivement.

Nous vous laissons, ma tante!

M. DE VAUDREUIL.

De la voir
J'ai l'espoir,
En dépit du devoir.
Plus heureux ce soir,
Je sens là, de plaisir,
Mon cœur battre et frémir!

GABRIELLE.

Lui me voir!
Ah! ce soir
Quel est donc son espoir!
Malgré moi
D'effroi
Je me sens frémir,
Je me sens pâlir!

LUCETTE et GASTON, chacun à part.

Je crois voir
Tout en noir.
Ah! pour moi plus d'espoir! etc.

(Ils sortent tous les deux.)

SCÈNE VIII.

M. DE VAUDREUIL, GABRIELLE.

M. DE VAUDREUIL, *lorsque les deux jeunes gens se sont éloignés, s'approchant vivement.*

Pardon, madame, d'oser me présenter ainsi chez vous et à cette heure... il s'agit d'un danger imminent qui nous menace tous... moi, ce ne serait rien... mais vous, mais votre mari...

GABRIELLE.

Qu'est-ce donc, monsieur?...

M. DE VAUDREUIL.

Les instants sont précieux, je vais droit au fait. Vous rappelez-vous qu'il y a quinze jours à peu près, aux Tuileries, au premier rayon de soleil et près des chaises où vous et votre nièce vous étiez assises, vint se placer un seigneur, qui pendant longtemps causa avec vous?

GABRIELLE.

C'est vrai! De la façon la plus polie et la plus gracieuse.

M. DE VAUDREUIL.

C'était le roi!

GABRIELLE.

O ciel!

M. DE VAUDREUIL.

« Comte de Vaudreuil, me dit-il le lendemain, vous connaissez madame Dassonvilliers? — Très-peu, Sire. — Vous la connaissez, car vous m'avez dit qu'elle était charmante, vous aviez raison. J'en ai été ravi et je voudrais qu'elle n'ignorât pas la haute estime que je lui porte. Veuillez, mon cher de Vaudreuil, me rendre ce service... »

GABRIELLE, avec indignation.

Comment !...

M. DE VAUDREUIL.

Pardon !... Mais que voulez-vous, madame, je m'inclinai, de crainte qu'à mon refus on ne chargeât un autre courtisan d'un ordre que j'étais décidé à ne pas exécuter. Aussi, je n'en ai dit un mot ni à vous, ni à personne. Et pourtant, ce que vous ne croirez pas, madame, c'est que vous avez déjà à la cour un parti nombreux et puissant qui conspire pour vous.

GABRIELLE.

Pour moi !

M. DE VAUDREUIL.

Tous ceux qui voudraient renverser madame de Pompadour... Quelques jours après, le roi me remit pour vous une lettre que je gardai également. Elle est là, elle se termine ainsi : « Dites un mot, et le règne de madame de « Pompadour est fini, et demain le vôtre commence. »

GABRIELLE.

Est-il possible !... et comment le savez-vous ?

M. DE VAUDREUIL, la lui montrant.

Cette lettre, madame, je l'ai ouverte ; j'ai commis un crime qui ne se pardonne pas, un crime de lèse-majesté ; non content de la lire, j'ai poussé l'audace plus loin encore. j'ai fait moi-même la réponse et j'ai dit au roi : « Sire, madame Dassonvilliers refuse. »

GABRIELLE.

Ah ! merci, monsieur le comte, merci !

M. DE VAUDREUIL.

Ne me remerciez pas, madame; je n'étais guidé que par l'égoïsme... la fureur, la jalousie... Je vous aimais, madame, je vous aime sans espoir, il est vrai, mais l'idée seule d'avoir un rival, fût-ce même un roi, me ferait perdre la raison... permettez-moi de continuer... car ce qui me reste à vous dire est le plus terrible.

GABRIELLE.

Ah! mon Dieu! Achevez de grâce...

M. DE VAUDREUIL.

Je dois vous avouer qu'en recevant cette réponse, le roi me parut non pas irrité, mais profondément affligé. Il baissa la tête, garda quelques instants le silence, puis il me dit : « C'est une honnête femme! et de plus, mon cher comte, a-t-il ajouté en souriant, la seule que j'aie encore rencontrée, n'en parlons plus. » Je me crus sauvé, mais ce matin, à son petit lever, il m'a pris à part et m'a dit : « On nous donne aujourd'hui à Paris, une fête, un bal; madame Dassonvilliers peut y venir sans crainte, c'est un bal masqué. Je ne lui fais pas un crime de son refus, mais je veux qu'elle sache de moi, de ma bouche, que je ne lui en veux pas, que je lui pardonne, et pour le lui prouver, j'entends lui remettre à elle-même, le brevet d'un titre que depuis longtemps sollicite son mari... dites-lui donc que je compte sur elle ce soir... »

GABRIELLE.

O ciel!

M. DE VAUDREUIL.

« Et pour que je puisse la reconnaître sous son masque, a continué le roi, je lui enverrai un bouquet que je la prie de porter... » (Regardant sur la table à gauche.) O ciel!... et ce bouquet...

GABRIELLE.

Le voici... il vient d'arriver.

M. DE VAUDREUIL.

Vous savez tout maintenant; si vous ne venez point à ce bal, madame, le roi saura que j'ai trahi sa confiance, que je me suis joué de lui; c'est la Bastille ou l'exil qui m'attendent, j'y suis résigné d'avance, ne vous occupez pas de moi, mais de votre mari que vous privez ainsi d'un titre auquel il a droit de prétendre. Je dirai plus. Depuis longtemps il est assez mal avec madame de Pompadour, le roi seul le soutient, et si, blessé avec raison de votre refus, il lui retire son appui... il y va de sa position, de sa place, de sa fortune.

ROMANCE.

Premier couplet.

Je sais fort bien que d'un motif pareil
Jamais vous ne prendrez conseil.
Mais moi, je tremble pour vous-même,
Car je vous l'ai dit, je vous aime
    Sans être roi!

Mais que votre cœur me pardonne!
Qu'un seul souvenir il me donne!
Et j'aurai ma couronne... moi,
    Sans être roi!

Deuxième couplet.

Que par un sort ou prospère ou fatal,
Vous veniez, ou non, à ce bal,
Je me soumets à votre empire,
Je vous respecte et vous admire
    Sans être roi!

Adieu! que votre cœur pardonne!
Qu'un seul souvenir il me donne!
Et j'aurai ma couronne... moi,
    Sans être roi!

(Il sort par la porte du fond.)

SCÈNE IX.

GABRIELLE, seule, reste quelques instants dans le fauteuil où elle est tombée, puis elle se lève.

Ah! courons tout raconter à mon mari. (S'arrêtant.) Mais aura-t-il seulement le temps de m'entendre! et s'il me défend d'aller à ce bal, puis-je lui obéir?... Puis-je exposer à la colère du roi, à l'exil, à la Bastille, celui qui a tout bravé pour moi... celui qui m'aime tant?... C'est mal, c'est vrai... mais si quelqu'un doit lui en faire un crime, ce n'est pas moi; et puis l'invitation, l'ordre du roi qui pardonne à ce prix... (Poussant un cri.) Ah! mon Dieu! quand même je voudrais m'y rendre, comment aller à ce bal et en revenir seule, cette nuit... sans qu'on le sache... sans qu'on me voie... (Tombant sur un fauteuil à côté de la table à droite et cachant sa tête dans ses mains.) Impossible, impossible!... Quelqu'un; ah! madame Grégoire.

SCÈNE X.

Mme GRÉGOIRE, entrant par le fond, GABRIELLE, à droite.

Mme GRÉGOIRE.

Moi-même, ma marraine.

GABRIELLE.

Toujours pimpante et gaie!

Mme GRÉGOIRE.

Ah! dame, écoutez donc!...

CHANSON.

Premier couplet.

Veuve en mon printemps,

Chez moi, chez madame Grégoire,
Buveurs et galants
Viennent tous chanter, rire et boire !
Si le rire est franc
Le vin l'est autant ;
Oui, chez nous l'ivresse est permise,
Car c'est l'amour qui l'autorise,
C'est l'amour qui fait,
Le guet
Au cabaret !

Deuxième couplet.

Lorsque le destin
S'offre à vous et sombre et morose,
Venez, grâce au vin,
Chez nous tout est couleur de rose!
Venez, pauvres maris
Que l'on gronde au logis,
Amoureux qu'on tient à la chaîne;
Venez sans peur qu'on vous surprenne,
C'est l'amour qui fait
Le guet
Au cabaret!

GABRIELLE.

Quel bon hasard t'amène ici, toi qu'on ne voit jamais?

Mme GRÉGOIRE.

Dame ! je n'ose pas venir autant que je le voudrais, le cabaret du *Vert-Galant* et l'hôtel Dassonvilliers; c'est si loin ! si opposé... c'est l'enfer et le paradis.

GABRIELLE.

Allons donc!... est-ce que tu n'es pas ma filleule... est-ce que je ne te reçois pas toujours!

Mme GRÉGOIRE.

Avec la même bonté... aussi, à vrai dire, c'est le comptoir qui me retient... toute la semaine, et le dimanche bien plus encore... surtout depuis que je suis veuve.

GABRIELLE.

Je comprends... tu es seule... c'est bien triste...

Mme GRÉGOIRE.

Non, ma marraine. Feu M. Grégoire était par bonheur si jaloux que je me suis consolée tout de suite!... il n'y a pas de défaut que je ne préfère à celui-là... c'est le plus gênant en ménage... M. Dassonvilliers est-il jaloux?

GABRIELLE.

Pas le moins du monde.

Mme GRÉGOIRE.

C'est bien à lui, car il y aurait de quoi! avec votre fraîcheur, votre beauté, votre élégance, dont vous ne vous servez pas!... Moi si j'avais tout ça, ma marraine...

GABRIELLE, l'interrompant.

C'est bien, c'est bien!... tu ne me dis pas pourquoi tu viens ici...

Mme GRÉGOIRE.

Par ordre supérieur. Monsieur votre mari que je n'ai pas encore eu l'honneur de rencontrer, vu qu'il travaille toujours dans son cabinet, vient de me faire dire par M. de la Renaudière son secrétaire intime, qu'il voulait me parler ce soir... tout de suite, tout de suite... Qu'est-ce qu'il me veut?

GABRIELLE.

Je l'ignore, il ne me dit jamais rien.

Mme GRÉGOIRE.

Mais quel bonheur de vous trouver ici... à la maison! Je croyais qu'aujourd'hui, ma marraine, vous seriez en divertissement et en fête.

GABRIELLE.

Des fêtes... des plaisirs... jamais!

Mme GRÉGOIRE.

Comment! rien...

GABRIELLE.

Rien !

Mme GRÉGOIRE.

Et vous vous contentez de cela !

GABRIELLE.

Oui.

Mme GRÉGOIRE.

Ce n'est pas assez, même en carême! à plus forte raison aujourd'hui mardi gras. Comment n'allez-vous pas au bal?

GABRIELLE, vivement.

Que dis-tu?

Mme GRÉGOIRE.

Tout Paris y va.

GABRIELLE.

Excepté moi... et peut-être... ma filleule... ce n'est pas manque d'envie.

Mme GRÉGOIRE, gaiement.

Vrai !

GABRIELLE, après un instant de silence.

Écoute, je peux tout te dire à toi...

Mme GRÉGOIRE.

Ne vous suis-je pas dévouée, ma marraine, corps et âme?

GABRIELLE.

Ne crois pas que ce soit pour le vain plaisir du bal... mais on en donne un, cette nuit, où à l'insu de mon mari et pour une importante affaire, d'où dépend notre sort à tous... il faut que je paraisse, ne fût-ce qu'un instant.

Mme GRÉGOIRE, froidement.

Il faut y aller.

GABRIELLE.

Et comment?

Mme GRÉGOIRE.

Ne suis-je pas là?

GABRIELLE.

Et d'abord... je ne peux pas y aller seule et tu ne saurais m'accompagner...

Mme GRÉGOIRE.

C'est juste... moi, madame Grégoire... et puis mon cabaret, mon comptoir qui m'attendent cette nuit... la nuit du mardi-gras!... mais vous avez une nièce, mademoiselle Lucette qui, elle aussi, la pauvre enfant, ne doit guère aller au bal.

GABRIELLE.

Jamais!

Mme GRÉGOIRE.

Et ce sera pour lui procurer une fois par hasard ce plaisir que vous vous serez exposée généreusement à la colère de votre Argus.

GABRIELLE.

Ah! c'est une idée... tu as de l'esprit.

Mme GRÉGOIRE.

Les maris gênants... cela en donne!

GABRIELLE.

Mais comment avoir une voiture?

Mme GRÉGOIRE.

Elle sera à minuit à votre porte, cela me regarde.

GABRIELLE.

Mais cette porte... les portes de l'hôtel, il faut les franchir, et il y en a deux bien solides, fermées par des clefs dont l'une est aux mains de mon mari... et l'autre aux mains de son homme de confiance, M. de la Renaudière.

Mme GRÉGOIRE.

Devant vous, ma marraine, toutes les portes s'ouvriront.

GABRIELLE.

Et comment?

Mme GRÉGOIRE.

Cela me regarde... prévenez seulement votre nièce et ne vous occupez de rien, que de votre toilette.

LA RENAUDIÈRE, en dehors de la porte à droite.

Oui, monseigneur, je vais voir si elle est arrivée.

GABRIELLE.

C'est le secrétaire de mon mari.

Mme GRÉGOIRE.

La Renaudière qui vient me chercher... rentrez, madame... rentrez dans votre appartement, je vous avertirai.

(Gabrielle sort par la porte à gauche et la Renaudière entre par la porte à droite.)

SCÈNE XI.

Mme GRÉGOIRE, LA RENAUDIÈRE.

LA RENAUDIÈRE.

Ah! vous voilà, madame Grégoire, monseigneur vous attend.

2.

Mme GRÉGOIRE, *passant devant lui*

Je me rends près de lui.

LA RENAUDIÈRE, *la retenant*.

Un moment! je guettais votre arrivée pour vous prévenir d'une chose.

Mme GRÉGOIRE.

Laquelle ?

LA RENAUDIÈRE.

Il faut bien vous garder de lui dire que je suis amoureux de vous.

Mme GRÉGOIRE, *riant*.

Vraiment !

LA RENAUDIÈRE.

De lui dire que tous les jours je passe au moins une heure à soupirer près de votre comptoir.

Mme GRÉGOIRE.

Pourquoi ?

LA RENAUDIÈRE.

Il y va de ma place.

Mme GRÉGOIRE, *en riant*.

Ah! bah!

LA RENAUDIÈRE.

Il prétend qu'un secrétaire amoureux peut trahir les secrets de son maître.

Mme GRÉGOIRE.

Il a peut-être raison, mais comme je ne vous demande jamais rien...

LA RENAUDIÈRE.

C'est vrai... mais en revanche vous n'accordez jamais

rien... vous ne permettez même pas qu'on vous aime et qu'on vous le dise.

Mme GRÉGOIRE.

J'en conviens... mais depuis que ça vous est défendu, ça m'en donnerait presque l'idée.

LA RENAUDIÈRE.

Est-il possible! Et vous ne serez plus inflexible... et je pourrai vous voir chez vous...

Mme GRÉGOIRE.

Non, jamais! on tient à sa réputation et au décorum, mais ici je ne dis pas non, quand je viendrai voir madame Dassonvilliers ma marraine.

LA RENAUDIÈRE.

Et vous ne venez jamais...

Mme GRÉGOIRE.

Il se peut qu'on vienne exprès pour monsieur le secrétaire intime.

LA RENAUDIÈRE.

Et quand donc... quand donc?... demain... après-demain?...

Mme GRÉGOIRE.

Pourquoi pas?... (Avec malice.) peut-être même aujourd'hui.

LA RENAUDIÈRE, vivement.

Cette nuit...

Mme GRÉGOIRE.

Une nuit de mardi gras n'en est pas une... c'est le jour qui continue...

LA RENAUDIÈRE.

O bonheur! vous viendrez?...

Mme GRÉGOIRE.

Y pensez-vous? (En riant.) Mais à supposer que j'eusse une pareille idée, il y a des portes à cette maison. (Le regardant en souriant.) N'y en a-t-il pas trois ou quatre?

LA RENAUDIÈRE.

Deux seulement, une qui donne de la rue dans le jardin, et puis quand on est dans le jardin, une grille par laquelle on entre dans la maison.

Mme GRÉGOIRE.

Oh! alors n'y pensons plus, c'est trop difficile.

LA RENAUDIÈRE.

Non pas!

Mme GRÉGOIRE.

Car enfin ces portes sont fermées... et pour en avoir la clef...

LA RENAUDIÈRE.

En voici une. (La lui donnant.) La voici.

Mme GRÉGOIRE.

Très-bien!

LA RENAUDIÈRE, avec amour.

Mais... quand me la rendrez-vous?... j'en ai besoin demain... de grand matin.

Mme GRÉGOIRE, avec coquetterie et baissant les yeux.

Sera-ce assez tôt si je vous la rapporte cette nuit?

LA RENAUDIÈRE, poussant un cri de joie.

Ah! vous êtes adorable, mais vous viendrez, n'est-ce pas?

Mme GRÉGOIRE.

C'est probable... à moins d'obstacle.

LA RENAUDIÈRE.

Silence! M. Dassonvilliers...

SCÈNE XII.

Les mêmes; DASSONVILLIERS, sortant de la porte à droite.

DASSONVILLIERS, à la Renaudière.

Laisse-nous et reviens m'apporter les nouvelles et les notes de la soirée.

LA RENAUDIÈRE.

Oui, monseigneur.

(Il sort.)

DASSONVILLIERS, regardant quelques instants madame Grégoire.

Vous êtes madame Grégoire?

Mme GRÉGOIRE.

Pour vous servir.

DASSONVILLIERS, à part.

Eh! eh! elle est fort gentille... et je conçois que nos jeunes seigneurs aient choisi comme lieu de réunion sa maison pour conspirer... elle est décidément très-gentille. (Haut.) Approche, petite. (A part.) Je ne dois rien négliger pour apprendre la vérité, dût cette recherche m'entraîner au delà des limites que la gravité de mes fonctions impose à ma galanterie. (Lui prenant la main.) Rassure-toi et lève les yeux... on le peut sans crainte quand on les a comme les tiens.

DUO.

DASSONVILLIERS.

Bannis toute crainte...
Approche et dis-moi,
Sans trouble et sans feinte,

Ce qu'on fait chez toi ?

Mme GRÉGOIRE.

Ce qu'on fait chez moi ?

DASSONVILLIERS.

Ce qu'on fait chez toi !

Mme GRÉGOIRE.

Assis sous ma treille,
Maint buveur badin
Vide sa bouteille
En louant mon vin.

DASSONVILLIERS.

Est-il bon, ton vin ?

Mme GRÉGOIRE.

Non ; il est divin !...
J'ai même en ma cave
Certain cru de Grave
Aux blondes couleurs...

DASSONVILLIERS.

Pour les amateurs ?...

Mme GRÉGOIRE.

Les fins connaisseurs !
Si j'osais sur l'heure
En mettre en dépôt
Un petit quartaut ?...

DASSONVILLIERS.

Je te prends au mot !

Mme GRÉGOIRE.

Vous l'aurez tantôt.

Ensemble.

Mme GRÉGOIRE.

Ruse tutélaire !

Vous avez beau faire,
Je ris de vous, noble adversaire !
Dans cette affaire
Je dois me taire,
Mais on verra
Si mon secret me restera.
Noble conquête,
Voici que sa tête
A tourner est prête
Oui, l'on verra
Qui de nous deux l'emportera !

DASSONVILLIERS.

Ruse tutélaire !
De mon savoir-faire,
J'obtiens déjà le doux salaire !
La chose est claire,
Je sais lui plaire...
Elle parlera,
Oui, son secret me restera !
En vain la pauvrette
Veut rester muette,
Femme et grisette
Elle parlera,
On verra qui l'emportera !

Je veux bien te croire...
Mais enfin, chez toi
Ne fait-on que boire ?
Voyons, réponds-moi !

Mme GRÉGOIRE.

Non pas, sur ma foi !
Souvent en cadence,
Prenant ses ébats,
Plus d'un couple danse
Sous mes frais lilas.

DASSONVILLIERS.

Sous tes frais lilas ?

Mme GRÉGOIRE.

Puis, dans la nuit folle,
Au loin l'on entend
Un baiser qu'on vole,
Un baiser qu'on rend !

DASSONVILLIERS.

Ah ! c'est un scandale
Dont, pour la morale,
Je veux être ici
Soudain éclairci.
(L'embrassant.)
Vaut-il celui-ci ?

Mme GRÉGOIRE.

Il vaut celui-ci !...

Ensemble.

Mme GRÉGOIRE.

Ruse salutaire, etc.

DASSONVILLIERS.

Ruse salutaire, etc.

C'est fort bien ! mais tout ça, friponne,
Ne m'a pas appris ton secret...
On chante dans ton cabaret ?...

Mme GRÉGOIRE.

Pardine ! chacun y fredonne
Plus d'un gai couplet !

DASSONVILLIERS, vivement.

Et que chante-t-on, s'il vous plaît ?

Mme GRÉGOIRE, ayant l'air de chercher.

C'est, si j'ai bonne mémoire :
« Elle aime à rire, elle aime à boire,
« Elle aime à chanter comme nous ! »

DASSONVILLIERS.

Ce n'est pas ça.

Mme GRÉGOIRE.

Préférez-vous :
« Malgré la bataille
« Qu'on livre demain,
« Çà faisons ripaille... »

DASSONVILLIERS.

Paix ! c'est trop badin !

Mme GRÉGOIRE.

Voulez-vous enfin :
« Dans les Gardes Françaises
« J'avais un amoureux ;
« Fringant, chaud comme braise,
« Jeune et fort vigoureux !
« Mais de la colonnelle
« C'est le plus scélérat ;
« Pour une péronnelle
« Le gueux m'a plantée là !
« Ah ! ah ! ah ! ah ! »

(Elle varie ce thème tandis que Dassonvilliers s'efforce de la faire taire.)

DASSONVILLIERS.

Mais tais-toi !
Sur ma foi !
Ce refrain
Trop badin,
En ce lieu
Est, pardieu !
Déplacé,
Peu sensé !
Paix ! finis !
J'en rougis.
Si ma femme
T'entendait,
La pauvre âme
Frémirait.

Ensemble.

Mme GRÉGOIRE.

Est-ce bien cet air-là ?
Ah ! ah ! ah ! ah !

DASSONVILLIERS.

Ce n'est pas cet air-là,
Non, non, ce n'est pas ça !

DASSONVILLIERS, à part.

A mon tour. (Haut.) On m'a parlé de jeunes seigneurs qui viennent dans ton cabaret...

Mme GRÉGOIRE, à part.

Nous y voici ! (Haut.) C'est vrai.

DASSONVILLIERS.

Pourquoi viennent-ils ?...

Mme GRÉGOIRE.

Sans doute pour faire ce que font tous les autres.

DASSONVILLIERS.

Oui, pour te faire la cour. C'est assez vraisemblable. Mais pourquoi tant de mystère, quand les autres en mettent si peu ?...

Mme GRÉGOIRE.

Monseigneur !. .

DASSONVILLIERS.

Le rapport que j'ai là, prétend que ces beaux jeunes gens arrivent, quand les autres partent. Est-ce vrai ?

Mme GRÉGOIRE.

Non. Ce sont les autres qui partent quand ils arrivent.

DASSONVILLIERS.

Le rapport prétend que, ta maison fermée, ils restent toute la nuit! Est-ce vrai?

Mme GRÉGOIRE.

C'est possible. Ça ne dort pas, ces jeunes seigneurs! c'est si éveillé!

DASSONVILLIERS.

Mais voici qui est plus grave. Le rapport prétend qu'ils s'enferment dans ta chambre avec toi!

Mme GRÉGOIRE, vivement.

Ce n'est pas vrai!

DASSONVILLIERS, de même.

C'est donc sans toi?

Mme GRÉGOIRE.

Certainement.

DASSONVILLIERS, appuyant.

Sans toi?

Mme GRÉGOIRE, de même.

Je vous l'atteste.

DASSONVILLIERS, secouant la tête.

Alors c'est bien plus grave encore! Pourquoi? et dans quel but s'enferment-ils ainsi, seuls?

Mme GRÉGOIRE, à part.

Maudit homme! il me trouble! (Haut.) Tenez, j'ai une idée.

DASSONVILLIERS.

Voyons l'idée.

Mme GRÉGOIRE.

Je crois qu'ils jouent gros jeu.

DASSONVILLIERS.

A la bonne heure! voilà qui explique tout.

Mme GRÉGOIRE.

Sans doute au pharaon, au lansquenet.

DASSONVILLIERS.

Je me demande seulement comment, pour jouer au pharaon, ils se croient obligés de porter un signe de ralliement?

Mme GRÉGOIRE.

Ah bah!

DASSONVILLIERS.

Oui... ils ont, à ce qu'il paraît, une rose jaune à leur boutonnière.

Mme GRÉGOIRE.

Jaune! une drôle de couleur, je ne crois pas cependant qu'il y en ait aucun qui soit...

DASSONVILLIERS.

Oui, tous garçons... Qu'est-ce que cela signifie alors?

Mme GRÉGOIRE.

Je n'en sais rien.

DASSONVILLIERS.

Très-bien. (A part.) J'en sais maintenant assez pour veiller et je veillerai. (Haut.) Mais voici l'heure où, avant de se retirer, toute ma famille vient me souhaiter le bonsoir.

SCÈNE XIII.

Les mêmes; GASTON, puis GABRIELLE et LUCETTE, et ensuite LA RENAUDIÈRE.

GASTON, sortant de la porte à droite, avec un bougeoir.

Mon oncle, je venais pour... Tiens! la petite madame Grégoire!...

DASSONVILLIERS, vivement.

Comment la connais-tu?

GASTON.

Pas par moi... Mais par des jeunes gens de mes amis.

DASSONVILLIERS.

C'est différent.

(Il va prendre des papiers à son bureau.)

GASTON, bas à madame Grégoire.

Des amis qui vont passer la nuit chez toi à rire et à danser.

Mme GRÉGOIRE, rapidement.

Ils font bien.

GASTON, de même.

Et je reste ici, moi qui ai tant de chagrins... qui ai tant besoin de me distraire!

Mme GRÉGOIRE, de même.

Qui vous empêche de venir?

GASTON.

La porte de l'hôtel sera fermée.

Mme GRÉGOIRE.

C'est ça qui vous embarrasse?...

DASSONVILLIERS, redescendant.

Allons, partez, partez...

(On entend du bruit dans la rue.)

LUCETTE.

Quel est ce bruit?

Mme GRÉGOIRE.

Une troupe de masques! La nuit du mardi-gras qui commence. Je crois qu'elle aura de l'écho dans mon cabaret.

(Gabrielle et Lucette rentrent chacune dans leur appartement à gauche ; Gaston dans le sien à droite. La Renaudière entre par la porte du fond. Tout cela pendant le chœur suivant qu'on entend au dehors.)

LE CHŒUR, en dehors.

C'est mardi gras,
Ah! ah! ah! ah! ah!
Faisons chère lie,
Vive la folie!
Bien fou qui ne s'amuse pas!

DASSONVILLIERS, à la Renaudière.

J'ai de l'ouvrage à te donner, suis-moi dans mon cabinet.

Mme GRÉGOIRE.

Et moi, je m'en vais.

LA RENAUDIÈRE, bas, à madame Grégoire.

Mais vous reviendrez... vous me l'avez promis.

Mme GRÉGOIRE, de même.

Attendez-moi... (A part.) toujours!

(Ils sortent tous.)

LE CHŒUR, en dehors.

C'est mardi gras,
Ah! ah! ah! ah! ah!
Faisons chère lie,
Vive la folie!
Bien fou qui ne s'amuse pas!

(Gabrielle et Lucette sortent de leur appartement, en dominos et masquées.)

GABRIELLE.

Ah! mon Dieu! Que j'ai peur...

LUCETTE.

Ne craignez rien, ma tante... je serai votre cavalier.

(Elles sortent par le fond.)

GASTON, sortant de sa chambre.

Ingrate Lucette!... Bah!... Allons noyer mon chagrin chez madame Grégoire!...

(Il sort.)

DASSONVILLIERS, rentrant.

Ma nièce dort, ma femme dort, mon neveu dort... je crois même qu'il ronfle... Quel ménage modèle!... Si j'emmenais la Renaudière...

LA RENAUDIÈRE, rentrant.

Maintenant, attendons ici l'heure du berger!...

DASSONVILLIERS, le voyant.

Ah! toute réflexion faite, emmenons-le.

LA RENAUDIÈRE, apercevant M. Dassonvilliers.

Monseigneur qui n'est pas parti!...

DASSONVILLIERS, à la Renaudière.

Viens, nous allons sauver l'État!... c'est-à-dire... madame de Pompadour...

(Il se dirige vers le fond.)

LA RENAUDIÈRE, à part.

Et madame Grégoire qui va venir!

DASSONVILLIERS.

Viens!

LA RENAUDIÈRE.

Voilà!

(Il sort par la porte du fond, pendant que l'orchestre reprend avec force le motif du chœur, et l'on entend les cris des masques qui passent dans la rue.)

ACTE DEUXIÈME

L'intérieur du cabaret de madame Grégoire. — Vue des jardins illuminés. — Sur le premier plan à gauche, la porte d'un cabinet. Sur le deuxième plan, des tables. A droite, sur le premier plan, un escalier en bois conduisant dans la chambre de madame Grégoire, située au premier étage. Au fond du jardin, des murs garnis de treilles et une porte donnant sur la rue. Par derrière, les toits des maisons. Sous l'escalier, une petite porte secrète.

SCÈNE PREMIÈRE.

Buveurs, Grisettes, Bourgeois, Seigneurs, Soldats, GASTON.

(Tableau animé d'un cabaret. — Danses joyeuses.)

LE CHŒUR, bruyant et joyeux.
 Au gai signal
 Du carnaval
 Qu'ici le bal
  S'élance !
 C'est mardi gras !
 Faisons bombance
 Et prenons nos ébats !

Ensemble.

UNE PARTIE DU CHŒUR, hommes.
 C'est mardi gras,
 Faut prendre queq'chose !

Le mardi gras,
Qu'est-ce qu'on ne prend pas ?

L'AUTRE PARTIE DU CHŒUR, hommes.

C'est mardi gras,
Faut qu'on l'arrose !
Calmons son feu,
Mais avec du vin bleu !

LES FEMMES.

C'est mardi gras,
J'vois tout en rose !
Sauf nos maris,
Qui ce jour-là sont gris !

TOUS, levant leurs verres, criant et dansant.

C'est mardi gras,
Faisons chère lie !
Vive la folie !
Et sot qui ne s'amuse pas !
C'est mardi gras !
C'est mardi gras !

GASTON, le verre à la main et déjà en gaieté.

Ici je renais et j'oublie !
Boire, c'est bien, aimer, c'est mieux !
Enivre-moi, nuit de folie,
Et d'amour jeune et de vin vieux !

QUELQUES BUVEURS.

Du vin ! palsambleu ! je veux boire !
Çà, me prend-on pour un blanc-bec !
Du vin ! mon gosier est à sec !

SCÈNE II.

LES MÊMES ; Mme GRÉGOIRE.

Mme GRÉGOIRE, entrant.

On y va !

TOUS.

Madame Grégoire !

GASTON, la poursuivant.

Tu viens à temps pour m'accorder
Deux baisers, une contredanse !

Mme GRÉGOIRE.

Point !

GASTON.

Faut-il donc te marchander ?

Mme GRÉGOIRE.

Non ! je refuse par prudence,
Pour ne pas faire de jaloux !
(Lui montrant tous les hommes qui l'entourent.)
Il faudrait les embrasser tous.

TOUS.

Quelle prudence !

Mme GRÉGOIRE.

Pour ma rançon
Je vais vous payer... en chanson !

CHANSON.

Premier couplet.

Un beau jour, mon cousin Grégoire,
N'ayant plus un denier,
Par huissier reçut un mémoire

Un peu dur à payer !
Dans ce péril,
Je pars, dit-il,
Pour me jeter dans la rivière !
Oui, pour tombeau,
Je choisis l'eau,
Bien qu'au fond, je ne l'aime guère !
Il s'en va... l'huissier sort
Et dit en gémissant bien fort :
(Pleurant.)
Grégoire est mort !
Il a grand tort !
(Riant.)
Ah ! ah ! ah ! ah !

Grégoire, en sa douleur extrême,
S'en est allé, seul et discret,
Au lieu de se noyer lui-même,
Noyer sa peine au cabaret !
Ah ! voilà ! vous pouvez m'en croire,
Comment se consolait Grégoire !

LE CHŒUR.

Pour bannir chagrin et regret,
Allons, allons au cabaret !

(On danse sur la ritournelle.)

Mme GRÉGOIRE.

Deuxième couplet.

Un soir, Grégoire tout de flamme,
Fut joliment surpris
De trouver auprès de madame
Un de ses bons amis !
Levant le front :
Pareil affront,
Dit-il, avec du sang s'efface !
Allons plus loin,
Et sans témoin
Qu'un de nous reste sur la place !
Marchons ! Sa femme sort,

Et dit en gémissant bien fort :
(Pleurant.)
Grégoire est mort !
Il a grand tort !
(Riant.)
Ah ! ah ! ah ! ah !

Tous deux, en leur fureur mortelle,
Etaient allés, en grand secret,
Au lieu de vider leur querelle,
Vider leur verre au cabaret !
Ah ! voilà ! vous pouvez m'en croire,
Comment se consolait Grégoire !

LE CHŒUR.

Pour bannir chagrin et regret,
Allons, allons au cabaret !

C'est mardi gras !
Faisons chère lie !
Vive la folie !
Et sot qui ne s'amuse pas !
C'est mardi gras !
C'est mardi gras !

Après l'introduction, les chœurs restent en scène, les buveurs attablés et les danseurs passant et repassant au fond du jardin.)

GASTON à madame Grégoire.

Que tu es gentille, madame Grégoire, de m'avoir donné la clef des champs ! Comment as-tu fait ?

Mme GRÉGOIRE.

C'est mon secret.

GASTON.

J'ai trouvé ouvertes, comme tu me l'avais dit, la grille du jardin et la porte de la rue, et je suis accouru ici, pour rire, pour danser, pour tuer mon chagrin.

Mme GRÉGOIRE.

En venez-vous à bout?

GASTON.

Ça commence! et si tu voulais m'aider et m'aimer un peu!

Mme GRÉGOIRE.

Je n'ai pas le temps, vous le voyez.

GASTON.

Tu ne m'écoutes même pas...

Mme GRÉGOIRE.

C'est que je suis inquiète! J'attends Zurich.

GASTON.

Zurich! qu'est-ce que cela? un homme...

Mme GRÉGOIRE.

Non, un Suisse, un ancien soldat aux Gardes Françaises.

GASTON.

Sans doute un de tes amoureux?

Mme GRÉGOIRE.

Pardine!

GASTON.

Et tu l'aimes?

Mme GRÉGOIRE.

Pas un brin, mais il m'aime tant que ça fait plaisir... non, ça fait peine à voir. Il ne demanderait quasiment pour gages que l'agrément de me regarder. Avec lui, du reste, je n'ai besoin de personne, il fait tout dans la maison. Il est si vaillant et si fort! Tenez, pour le moment, il est allé porter deux grands paniers de vin à la barrière des Sergents.

Dix minutes de chemin et voilà une heure qu'il est parti, ça m'inquiète.

GASTON.

Tu vois qu'il t'intéresse.

Mme GRÉGOIRE.

Pas encore, mais je ne lui veux pas de mal.

LES BUVEURS.

A boire! on est à sec!

Mme GRÉGOIRE.

Je descends à la cave.

GASTON.

J'y descends avec toi.

Mme GRÉGOIRE, sortant.

Non, vous vous casseriez le nez! allez plutôt danser avec ces jolies filles.

SCÈNE III.

LES MÊMES ; ZURICH essoufflé, effaré et portant un ballot.

TOUS.

C'est Zurich! c'est Zurich!

GASTON.

En effet, quel gaillard!... Eh! arrive donc, mon brave, la bourgeoise est inquiète.

ZURICH.

Ah! vraiment! elle est pien ponne! et che ne suis plus fatigué... c'est égal! à boire, che fous en prie! pas t'eau, du fin. (On lui apporte un verre de vin qu'il vide d'un trait.) Ça soutient!

GASTON.

Que t'est-il arrivé?

ZURICH.

Une pien trôle t'afenture! j'étais parti chargé, che refiens plus chargé encore!

(Il se débarrasse de son ballot.)

GASTON.

Un ballot de papiers...

ZURICH.

Qui faut son besant d'or.

TOUS.

Ah! bah!

ZURICH.

Ch'avais porté mon fin et refenais à vide, lorsqu'au détour d'une rue... clic, clac, un peau carrosse passe près de moi et manque te m'écraser. Ça me fâche et che crie : « Quand on feut écraser les chens, on les prévient. » Teux têtes, teux peaux seigneurs paraissent à la portière... et les foilà te rire... Che salue! « Fois donc, tit l'un, 'quelle excellente figure! » — Che salue te noufeau! « Et surtout quel air bête! » Che salue plus. — « Nous cherchions un homme pour faire sa fortune... ça te va-t-il? » — Je salue derechef. — « Prends ce ballot qui est dans ma foiture! » — Che le prends. « Où faut-il le porter? — Où tu foudras... seulement chacune tes petites feuilles qu'il contient faut un louis. Ne les tonne pas à moins! » Ch'allais oufrir la pouche pour rébondre, la foiture était déjà loin.

GASTON.

Voilà qui est merveilleux!

ZURICH.

Foilà qui l'est plus encore. Ch'afais pris partessus mon

épaule une touzaine de ces betites feuilles, rien que pour foir, et arrifé tefant un café richement éclairé, che temante à un tes messieurs pien mis, qui y entraient. « Tjtes-moi ce qui est imprimé sur ce papier, car moi, sais pas lire. » Le monsieur regarde, pousse un cri te joie et s'écrie : « Che le garte! — Non pas, que che tis, ça faut un louis. — Le foici, qu'il dit! — Le voici, tit un second monsieur, et m'en tonnant un autre. — Le voici, dit un troisième! » et moi, tout stupéfait, che poursuifais mon chemin, lorsque plusieurs messieurs sortis du café, courent après moi en riant : « A moi! à moi aussi, criaient-ils, tonne touchours! » et ils me tentaient tes pièces d'or! Enfin chen ai distribué une ving-taine pour autant de louis, voyez plutôt.

GASTON.

C'est vrai!

TOUS.

C'est vrai!

SCÈNE IV.

ZURICH, GASTON, LE CHŒUR; à la fin de la scène, Mme GRÉGOIRE.

Ensemble.

TOUS.

Mais voyons ces papiers magiques!

ZURICH, en donnant un à Gaston.

A fous, nos fitèles pratiques,
Che tonne celui-ci pour rien!..

LE CHŒUR.

Eh bien? eh bien?

GASTON, lisant.

« Noël des dames de la Halle
« Contre une dame de la Cour ! »

LE CHŒUR.

Un noël sur la Pompadour !

GASTON.

Silence ! c'est moi qui régale !

NOEL.

Premier couplet.

Cotillon deux de son endroit
   Chez nous vint par le coche,
On dit qu'aux mains, elle avait froid...
   Ell' les mit dans nos poches !
Ell' les r'tira plein's pour longtemps...
   Ça n'arrive qu'aux innocents !
     Aussi, cette commère
     Nous est diablement chère...
      Et dig ! din ! don !
     Quel carillon
Quand tombera ce cotillon !

Deuxième couplet.

Cotillon deux est faite au tour,
   Plus d'un le sait sans doute
Parmi les beautés de la cour
   Elle a bien fait sa route.
Quant à sa vertu... j' m'en défends,
N' faut jamais parler des absents !
     Elle en a, j' le suppose...
     Car partout on en cause...
      Et dig ! din ! don !
     Quel carillon
Quand tombera ce cotillon !

Troisième couplet.

Cotillon deux est tout-puissant,

Tout chacun se l'explique...
Cotillon deux, même en dansant,
Fait de la politique.
On prétend que grâce à l'impôt
Ell' nous rendra la poule au pot !
En attendant qu'ça fume,
V'là dix ans qu'ell' la plume !
Et dig ! din ! don !
Quel carillon
Quand tombera ce cotillon !

Mme GRÉGOIRE, *entrant sur le dernier couplet.*

Çà ! voulez-vous nous faire pendre
Avec vos chants séditieux ?
Allez trinquer, cela vaut mieux,
Mon vin vieillit à vous attendre.

LE CHŒUR et GASTON.

Allons trinquer, cela vaut mieux !
(Sur l'air du noël.)
A madame Grégoire
Allons trinquer et boire !
Gaîment vidons
Tous les flacons,
Faisons sauter tous les bouchons !

Mme GRÉGOIRE.

Paix donc ! paix donc !
Et finissez ce carillon !

(Tous sortent en dansant, à l'exception de madame Grégoire et de Zurich.)

SCÈNE V.

Mme GRÉGOIRE, ZURICH.

Mme GRÉGOIRE.

Imbécile ! tu ne te doutes même pas du danger...

ZURICH.

Lequel ?

Mme GRÉGOIRE.

Tu ne comprends pas qu'il y a là de quoi te faire pendre?

ZURICH.

Ah bah!

Mme GRÉGOIRE.

Et je ne veux pas que tu sois pendu, ça me ferait de la peine!

ZURICH, tendrement.

Et à moi aussi, madame Grégoire, je ne vous verrais plus..

Mme GRÉGOIRE, l'interrompant.

C'est bien! Comment, sans donner l'éveil, sortir maintenant ce ballot de la maison? Et où lui trouver un placement sûr?... Ah! une idée... tu vas d'abord cacher ce paquet séditieux à la cave... et puis, écoute ici. Demain de grand matin, comme qui dirait huit heures précises, tu porteras à l'hôtel Dassonvilliers, un quartaut de vin de Grave que j'ai promis à M. le lieutenant de police... N'y manque pas.

ZURICH.

Non, bourgeoise... huit heures sonnant à Saint-Merry, je serai à sa porte.

Mme GRÉGOIRE.

C'est bien!... d'ici là j'arrangerai cela.

ZURICH.

Comment?

Mme GRÉGOIRE.

Il est inutile que tu le saches.

ZURICH.

Ya!

Mme GRÉGOIRE.

Tu es un peu simple...

ZURICH.

Ya !

Mme GRÉGOIRE.

Un peu bête...

ZURICH.

Ya !

Mme GRÉGOIRE, le regardant.

Et je ne sais pas trop ce qu'on pourrait faire de toi, mais tu es un brave garçon...

ZURICH, avec tendresse.

Ya !

Mme GRÉGOIRE.

Dévoué...

ZURICH, de même.

Ya !

Mme GRÉGOIRE.

Et pour moi, s'il le fallait...

ZURICH, avec force.

Je me ferais tuer !

Mme GRÉGOIRE.

C'est quelque chose. Mais on ne se fait tuer qu'une fois, et avec moi il faut obéir tous les jours.

ZURICH.

J'obéirai !

Mme GRÉGOIRE.

Sans murmurer, sans répliquer.

ZURICH.

Ya

Mme GRÉGOIRE, lentement.

C'est bien!... alors...

ZURICH, avec joie.

Vous me prenez pour mari?

Mme GRÉGOIRE, de même.

Non. Es-tu jaloux?

ZURICH.

Je ne sais pas.

Mme GRÉGOIRE.

Quand tu vois M. de la Renaudière et tous ces petits jeunes gens tourner autour de moi, qu'est-ce que ça te fait éprouver?

ZURICH.

Rien... l'envie de les étrangler... mais une fois fait, je n'y penserais plus.

Mme GRÉGOIRE.

Et moi, si je prenais un mari, je le voudrais autrement.

DUO.

Mme GRÉGOIRE.

C'est la consigne,
Qu'on s'y résigne!
En ménage il faut bravement,
Obéir comme au régiment.
Époux modèle,
Soldat fidèle,
Doivent tous deux marcher au pas,
Et l'arme au bras!

ZURICH.

C'est la consigne,
Che m'y résigne!

En ménache, il faut chentiment
Opéir comme au réchiment.
Époux modèle,
Soldat fidèle,
Toivent tous teux marcher au pas,
Et l'arme au pras !
(Timidement à madame Grégoire.)
Pourtant si quelque téméraire
Vous regardait bien tendrement ?...

Mme GRÉGOIRE.

Eh bien !
Ton rôle est de le laisser faire,
Sans rien voir et sans dire rien !

ZURICH.

Pon ! che ferais semblant te rien !
Mais si, tantis qu'ainsi je feille,
Un autre vous parlait t'amour ?

Mme GRÉGOIRE.

Crac ! tu fermerais l'oreille
Et tu resterais sourd.

ZURICH.

Et che resterais sourd...

Mme GRÉGOIRE.

Sourd à tous les propos d'amour.

ZURICH.

Mais si l'on tevenait trop tendre,
Et parfois même audacieux ?

Mme GRÉGOIRE.

Alors, tu fermerais les yeux !

ZURICH.

Tous les deux ?

Mme GRÉGOIRE.

Oui, tous les deux!
Car mon futur ne doit entendre
Et ne doit voir que moi... que moi !

ZURICH.

Je comprends bien, ne rien savoir
Et ne rien voir, c'est mon devoir.

Ensemble.

Mme GRÉGOIRE.

C'est la consigne, etc.

ZURICH.

C'est la consigne, etc.

ZURICH.

C'est accepté, madame Grégoire. Fous poufez me mettre à l'épreuve, vous verrez.

Mme GRÉGOIRE.

Nous verrons... Tu vas commencer par tout mettre en ordre dans ma chambre, j'y attends ce soir du monde.

ZURICH.

Fous attentez quelqu'un ?... un homme ?

Mme GRÉGOIRE.

Non.

ZURICH, avec joie.

Ah !

Mme GRÉGOIRE.

Plusieurs.

ZURICH.

Tairteff !

Mme GRÉGOIRE.

Eh bien ! tu oublies la consigne ?

ZURICH.

Non, non, che l'ai juré ! chamais de chalousie ni de question, chamais !

(En ce moment on frappe trois coups à la porte du fond. Zurich qui s'apprête à monter, s'arrête, mais il ne dit rien, continue sa route et entre dans la chambre.)

Mme GRÉGOIRE, qui l'a suivi des yeux.

C'est bien !

(Elle va ouvrir la porte.)

SCÈNE VI.

Mme GRÉGOIRE, LE COMTE DE VAUDREUIL.

Mme GRÉGOIRE.

C'est vous, monsieur le comte ? comme vous êtes ému !...

M. DE VAUDREUIL.

Un service à te demander.

Mme GRÉGOIRE.

Parlez vite, vous savez que j'aime à obliger...

M. DE VAUDREUIL.

Les amoureux ?

Mme GRÉGOIRE.

Ceux-là surtout.

M. DE VAUDREUIL.

Je sors d'un bal où toute la soirée j'ai suivi du cœur et des yeux une belle dame... l'honneur, la vertu même, et qui cette nuit encore a refusé les hommages d'un roi. Oui, le roi ne l'a pas quittée de la soirée, aussi j'ai osé à peine échanger quelques paroles avec elle, mais quand elle est sortie je me suis précipité sur ses pas. En ce moment la foule était si grande et si furieuse, qu'elle et sa compagne

été séparées et n'ont pu se rejoindre, mais moi je n'a-
is pas perdu la trace de mon adorée... et lorsque trem-
ante, éperdue, elle se croyait seule au monde, j'étais là,
près d'elle, lui offrant mon bras et de plus ma voiture qui
l'attendait... elle a accepté mon bras, mais ma voiture...

Mme GRÉGOIRE.

Elle a refusé d'y monter avec vous.

M. DE VAUDREUIL.

J'étais désespéré... mais juge de ma surprise quand elle
m'a dit avec émotion : « Ne sommes-nous pas loin du *Vert-
galant*, chez madame Grégoire? — C'est à deux pas, madame. — Eh bien! a-t-elle continué en baissant la voix,
veuillez m'y conduire. »

Mme GRÉGOIRE, riant.

Est-il possible ! cette vertu...

M. DE VAUDREUIL.

Si rigide, si inflexible, consent à m'accompagner chez toi.

Mme GRÉGOIRE.

La nuit du mardi gras! (Au comte.) Je comprends, vous
voulez du champagne, un souper fin.

M. DE VAUDREUIL.

Tout ce que tu auras de mieux... et surtout un appartement retiré... loin du bruit.

Mme GRÉGOIRE.

Soyez tranquille.

M. DE VAUDREUIL.

Je voulais te prévenir d'avance, car elle est là qui attend,
tremblante sous son masque.

Mme GRÉGOIRE.

Amenez-la.

M. DE VAUDREUIL, à la porte du fond.

Venez, venez, madame.

SCÈNE VII.

LES MÊMES; GABRIELLE, en domino et masquée.

M. DE VAUDREUIL, amenant Gabrielle par la main.

Suivez-moi, et ne craignez rien.

GABRIELLE, passant près de madame Grégoire.

Oh! je ne crains plus rien, puisque me voilà près de ma filleule.

(Elle ôte son masque.)

Mme GRÉGOIRE.

Vous, ma marraine!

M. DE VAUDREUIL, stupéfait.

Que dites-vous?

GABRIELLE, au comte.

Merci, monsieur, d'avoir bien voulu m'accompagner jusqu'ici... je vous rends votre liberté.

M. DE VAUDREUIL, à part.

O ciel!

Mme GRÉGOIRE, à part.

Pauvre amoureux, quel désappointement!

GABRIELLE.

Je n'ai plus besoin de vos services, monsieur, car madame Grégoire, ma filleule, qui m'avait aidée à sortir cette nuit, de l'hôtel, peut seule m'y faire rentrer.

Mme GRÉGOIRE.

Oui, car j'ai la clef.

GABRIELLE.

Hâtons-nous alors, car ma pauvre nièce, dont la foule m'a séparée, ne manquera pas de se faire conduire à l'hôtel ou de se hasarder de ce côté, et il faut que nous soyons là pour la recevoir.

(On entend Gaston chanter en dehors.)

GASTON, en dehors.

Vive le vin ! vive l'amour !

GABRIELLE.

La voix de Gaston, mon neveu...

M. DE VAUDREUIL.

S'il vous apercevait...

GABRIELLE.

Ce serait fait de moi !

Mme GRÉGOIRE, à Gabrielle.

Entrez là, dans cette chambre, pendant que j'envoie chercher une voiture.

M. DE VAUDREUIL, pendant que Gabrielle entre dans la chambre.

J'y cours !

Mme GRÉGOIRE, le retenant.

Non, j'ai un avis à vous donner, un avis important. Monseigneur le lieutenant de police a des soupçons, il m'a interrogée sur vos réunions et celles de vos amis...

M. DE VAUDREUIL.

Justement, nous en avons une cette nuit.

Mme GRÉGOIRE.

Je le sais... ils m'ont fait prévenir de leur garder ma chambre et ils vont sans doute arriver, avec le signe de ralliement convenu.

M. DE VAUDREUIL.

La rose jaune à la boutonnière.

Mme GRÉGOIRE.

Courez, et s'il en est temps encore, empêchez-les de venir, je crains pour eux quelque danger.

M. DE VAUDREUIL.

Que tu veux détourner. (L'embrassant.) Merci pour moi et pour eux tous !

ZURICH, paraissant au haut de l'escalier.

Tairteff !

(M. de Vaudreuil sort rapidement, Zurich continue à descendre, madame Grégoire l'observe. Il traverse la scène et disparaît par la gauche.)

Mme GRÉGOIRE, qui l'a suivi dans tous ses mouvements.

C'est bien.

SCÈNE VIII.

Mme GRÉGOIRE, GASTON, un peu gris; puis ZURICH.

GASTON, entrant en chantant.

Le joli petit vin ! les jolies petites filles, mais moins jolies que toi, madame Grégoire !

Mme GRÉGOIRE, le repoussant.

Dans quel état vous êtes !

GASTON.

J'ai voulu m'étourdir.

Mme GRÉGOIRE.

Ça vous a réussi !... Voyons, il se fait tard, il faut vous en aller.

GASTON.

Tu ne le voudrais pas. J'ai encore de l'argent et de l'amabilité à dépenser... dans l'intérêt de ta maison, dans le tien, tu me permettras de rester.

Mme GRÉGOIRE, à part.

Rester... (Regardant à gauche.) Et sa tante qui est là ! (Haut.) Si vous ne partez pas, je vous dénonce à... à votre oncle.

GASTON.

Tant mieux ! il est sévère, mon oncle ! il me fera conduire en prison... avec toi... ça m'arrange.

Mme GRÉGOIRE.

Monsieur Gaston, je vous en prie...

GASTON.

Ah ! si tu m'attendris... moi qui ce soir y suis déjà tout disposé !... tiens, transigeons, je m'en irai à une condition, c'est que tu me donneras deux baisers.

Mme GRÉGOIRE.

Deux ! mais vous partirez ?

GASTON.

Oui.

Mme GRÉGOIRE.

Prenez vite !

GASTON, l'embrassant.

Un ! deux !

ZURICH, paraissant au moment où il l'embrasse.

Ça fait trois !

Ensemble.

Mme GRÉGOIRE.

C'est convenu, bien convenu !
Que votre serment soit tenu...

4.

(A part.)
Nous, donnons ordre qu'en silence,
Une voiture ici s'avance.
(Haut à Gaston.)
C'est convenu,
Bien convenu!

GASTON.

C'est convenu, bien convenu!
Ce serment-là sera tenu...
Après si douce récompense
Je dois t'obéir en silence...
C'est convenu,
Bien convenu!

ZURICH, à part.

C'est convenu, bien convenu!
Cette fois chai pien entendu,
Tous deux ils sont d'intelligence,
Je dois me rentre à l'évitence ;
C'est convenu,
Je suis perdu!

(Madame Grégoire sort et Gaston la suit jusqu'à la porte, Zurich va se placer en sentinelle devant l'escalier qui mène à la chambre de madame Grégoire.)

SCÈNE IX.

GASTON, ZURICH.

GASTON, redescendant en riant.

COUPLETS.

Premier couplet.

Ah! ah! ah! mon idée est bonne!
M'éloigner! partir!... non, ma foi!
D'ailleurs, je crois que la friponne

Le désire encor moins que moi.
Femme coquette,
En sa chambrette,
A de quoi blottir et loger
L'amant qui veille,
Dressant l'oreille
Et guettant l'heure du berger.

(Il se dispose à monter dans la chambre de madame Grégoire.)

ZURICH.

Halte là !

GASTON.

Téméraire !
Je veux monter.

ZURICH.

On monte pas !
Ou bien che fais...

GASTON.

Ou bien tu vas
Soudain te taire !

Ensemble.

GASTON.

C'est convenu, bien convenu !
Ne l'as-tu donc pas entendu ?
C'est pourquoi, trêve d'insolence,
Et qu'on obéisse en silence !
C'est convenu,
Bien convenu !

ZURICH, avec une rage froide.

C'est vrai... c'est vrai, c'est convenu,
Je ne l'ai que trop entendu !
Et moi j'ai, dans mon innocence,
Promis d'obéir en silence !
C'est convenu,
Bien convenu !

(Gaston monte pendant cet ensemble et disparaît.)

SCÈNE X.

ZURICH, seul.

C'est convenu!
C'est convenu!...
Ah! si ce n'était la consigne !...

(On frappe.)

Encore!

Mme GRÉGOIRE, accourant.

Tu n'entends donc pas?

ZURICH.

Moi!... je n'entends que trop, hélas!

SCÈNE XI.

ZURICH, Mme GRÉGOIRE, DASSONVILLIERS.

Mme GRÉGOIRE, ouvrant à Dassonvilliers qui paraît.

O ciel! et quel honneur insigne!
Vous, monseigneur! vous en ces lieux!

ZURICH.

Allons! celui-ci c'est un vieux !...

DASSONVILLIERS, riant.

Deuxième couplet.

Ah! ah! ah! l'aventure est bonne!
Venir te surprendre chez toi,
C'est, il faut l'avouer, mignonne,
Un tour qui n'appartient qu'à moi!
   Suivant l'usage,
    Là-haut je gage,
Je trouverai de quoi loger
   L'argus qui veille,

Dressant l'oreille
Et guettant l'heure du danger...
(Se disposant à monter.)
Adieu !

Mme GRÉGOIRE, voulant l'arrêter.

Ma chambre?...

DASSONVILLIERS, sévèrement et bon.

Est un repaire !
Je sais tout ! A tes yeux fripons
On fait grâce, mais tu réponds
Du succès de cette affaire !
En ces lieux, c'est bien convenu,
Attends-moi... Tu m'as entendu,
Que tout obéisse en silence !
Compte à ce prix sur ma clémence !
C'est entendu,
Bien entendu !

Mme GRÉGOIRE.

C'est entendu,
C'est entendu !

ZURICH.

C'est entendu,
C'est entendu !

DASSONVILLIERS, parlant à part sur la ritournelle.

Oui, caché avant eux dans cette chambre et blotti dans la ruelle ou derrière les rideaux, je ne perdrai aucun détail de la conspiration. (S'adressant à Zurich.) N'oubliez pas surtout de laisser monter quiconque portera comme moi une rose jaune.

ZURICH.

Une rose chaune !

Mme GRÉGOIRE, à part.

Et sa femme... courons la prévenir !

ZURICH, avec rage.

Une rose chaune !

(Reprenant le motif.)

C'est convenu,
Bien convenu !

Mme GRÉGOIRE, prête à sortir.

C'est convenu,
C'est convenu !

DASSONVILLIERS.

C'est convenu,
C'est convenu !

ZURICH.

C'est convenu !

(Madame Grégoire sort.)

SCÈNE XII.

ZURICH seul, puis LE COMTE DE VAUDREUIL, et successivement PLUSIEURS SEIGNEURS.

ZURICH.

Maudite consigne ! che sens que la colère me gagne... si du moins che poufais la técharger sur le premier tos venu ! (On frappe.) Encore ! (M. de Vaudreuil paraît.) Celui-ci a une clef, c'est plus commode. (Passant contre lui.) Attends !

M. DE VAUDREUIL, à lui-même.

Tous sortis ! Impossible de les prévenir, mais ne pouvant les soustraire au danger, je veux du moins le partager avec eux.

ZURICH.

Ciel ! il a la rose chaune.

(M. de Vaudreuil monte l'escalier et entre dans la chambre du premier.)

ZURICH.

Et de trois ! c'est trop fort !

TYROLIENNE.

Premier couplet.

Quand on est amoureux,
Mengott, qu'on est heureux,
Si l'objet de vos feux
Ne s'en permet que teux !
Quand ça va jusqu'à trois,
Passe encor ! mais je vois
Le cœur tont ch'ai fait choix,
Changer autant de fois
Que l'année a te mois...
Ça m'a rentu sournois.
Pour ouplier, en vain, parfois
 Che bois !
C'qui m'guérirait, je crois,
C'est d'rosser ces bourgeois
 Par trop courtois !
 Dieu ! qu'ça s'rait doux
 D'les rosser tous !...
 Là, ô là ! itou !...
 Jadis, gai
 Comme un geai,
J'aimais à l'essai,
 Mais pas pête !
 J'gartais ma tête.
 V'là qu'mon cœur,
 Par malheur,
A l'amour moqueur
S'est rentu sans tire : au voleur !
 A mon cou,
Dès qu'il se crut mon maître,
 Vit' le traître
 A passé son licou !
 Là, ô là, itou !
Pour se venger, le traître
 Là ! ô là, itou !

M'a mis la corde au cou !
(Ecoutant.)
Mais qui peut de la sorte
Frapper à cette porte?

(Plusieurs seigneurs en domino entrent successivement et montent chez madame Grégoire. Ils ont tous le signe de ralliement.)

ZURICH, les comptant.

Un, teux, trois, quatre ! cinq !
(Avec rage et prêt à s'élancer à leur poursuite.)
Nous allons en técoutre un peu,
Tairteff! wass, flin, floun, ventrebleu !
(S'arrêtant.)
Ah ! tiaple, et ma consigne !

Quant on est amoureux, etc.

Deuxième couplet.

Freluquets
Si coquets,
Que j'vous z'haïrais
Si j'étais femme,
Je l'proclame !
Qu'est-ce qu'ils ont?
Qu'est-c' qu'ils font,
Pour qu'à les aimer on soit si prompt?
Non, ça m'confond !
Entre nous,
J'ai des moyens pour plaire ;
Qu'on m'laisse faire,
Et j'les enfonce tous !
Là ! ô ! là ! itou !
Que pour voir on m'laisse faire,
Là ! ô ! là itou !
Et j'les enfonce tous !
(Écoutant.)
Mais qui peut te la sorte
Frapper à cette porte?

(Seconde entrée de seigneurs, portant tous à la boutonnière le signe de ra'liement.)

ZURICH, les comptant.

Six, sept, huit, neuf, dix...

(Avec rage.)

Ah! tairteff! on va rire un peu!...
Wass! flin, floun, kras, nicht, fentrebleu!
Et ma consigne?

(Reprenant avec une gaieté forcée.)

Quand on est amoureux, etc.

SCÈNE XIII.

ZURICH, LA RENAUDIÈRE, entrant par la porte du fond, PLUSIEURS SOLDATS DU GUET le suivent et restent en dehors.

LA RENAUDIÈRE, à part en entrant.

Occupé toute la nuit par les devoirs de ma charge, impossible de courir à l'hôtel attendre madame Grégoire. Si elle est ici dans sa chambre, prévenons-la de ne pas sortir, de me rendre la clef, et prévenons-la surtout de la visite inattendue que doit lui faire cette nuit le lieutenant de police.

(Il va du côté de l'escalier.)

ZURICH.

Où allez-fous?

LA RENAUDIÈRE.

Chez madame Grégoire.

ZURICH.

Un instant! afez-vous la rose chaune?

LA RENAUDIÈRE.

La rose jaune... Qu'est-ce à dire ?

ZURICH.

Il n'a pas la rose chaune ! eh pien alors, attends, tu vas payer pour tous.

LA RENAUDIÈRE.

Veux-tu me lâcher, drôle !

ZURICH.

Non ! che fous lâcherai pas !

LA RENAUDIÈRE.

Et me laisser monter.

ZURICH.

Non ! que vous monterez pas ! il y en a déjà assez sans vous.

LA RENAUDIÈRE.

Hein ! que dis-tu ?

ZURICH.

Je tis que là-haut, ils sont treize ! un filain compte qui porte pas ponheur.

LA RENAUDIÈRE, s'élançant vers l'escalier.

Treize ! c'est trop fort ! je veux voir cela de mes yeux.
(Dassonvilliers paraît et l'arrête du geste.)

SCÈNE XIV.

Les mêmes ; DASSONVILLIERS.

DASSONVILLIERS.

Arrêtez ! je sais tout ! (A Zurich.) Dis à madame Grégoire qu'elle vienne me parler ! (A la Renaudière.) Je sais tout !

ZURICH, en s'en allant.

Il sait tout! Tairteff! qu'il est heureux!

DASSONVILLIERS, avec joie.

Je les tiens tous! quelle prise!

LA RENAUDIÈRE.

Tous!

DASSONVILLIERS.

Excepté un! un seul qui a sauté par la fenêtre au moment où j'entrais.

LA RENAUDIÈRE.

L'avez-vous reconnu?

DASSONVILLIERS.

Non! puisque je te dis qu'il a sauté... je ne l'ai pas vu de face.

LA RENAUDIERE.

Mais de quoi s'agit-il?

DASSONVILLIERS.

Dix seigneurs qui voulaient enlever madame de Pompadour! rien que cela, pendant quinze jours... qui auraient suffi au roi pour l'oublier, et à une autre favorite pour prendre sa place... l'autre... celle dont on parle, mais qui n'est pas encore nommée et pour laquelle ces messieurs conspirent, et si tu avais vu leur surprise, quand, paraissant tout à coup, je me suis écrié : Vous êtes mes prisonniers! mais d'ailleurs ils ont pris la chose de bonne grâce, tu vas les emmener.

(Il fait signe aux gens du guet d'entrer.)

FINALE.

Agents discrets,

Qui gardez cette porte,
A me prêter main-forte
Tenez-vous prêts.

(Les gens du guet qui sont entrés montent dans la chambre de madame Grégoire et reviennent suivis des seigneurs qu'ils ont arrêtés. Pendant ce mouvement de scène, le théâtre s'est rempli. Tous les buveurs et danseurs sont entrés avec Zurich et madame Grégoire.)

SCÈNE XV.

Les mêmes ; LE COMTE DE VAUDREUIL, ZURICH, Mme GRÉGOIRE, Seigneurs, Soldats du guet, Buveurs et Danseurs.

LE CHŒUR, gaiement.

Quelle étrange nouvelle !
On prétend que le guet
Vient avec sa séquelle
Trinquer au cabaret.
Visite singulière !
Que va-t-il se passer ?
Vont-ils à leur manière
Nous faire ici danser ?

DASSONVILLIERS.

Bourgeois et manants de la ville, rassurez-vous, je n'ai pas l'intention de troubler vos plaisirs, et si vous dites un mot, je vous fais tous arrêter ! (S'adressant aux seigneurs.) Messieurs, vous êtes mes prisonniers ! Ne craignez rien, l'on vous traitera avec égards. (Au guet.) Qu'on les conduise à la Bastille !... (A M. de Vaudreuil.) Restez, monsieur le comte ! vous êtes leur chef, et comme tel, je dois vous interroger. (A la Renaudière.) Qu'on enferme monsieur dans ce cabinet, (Il désigne la chambre où est Gabrielle.) tandis que je vais rédiger mon rapport.

Mme GRÉGOIRE, à part.

O ciel ! avec sa femme ! (Haut.) Permettez...

DASSONVILLIERS.

Je le veux !

Mme GRÉGOIRE, à part.

Ma foi, c'est lui qui l'aura voulu !
(La Renaudière conduit le comte de Vaudreuil vers la chambre.)

GABRIELLE, s'élançant hors de la chambre.

Jamais !...

SCÈNE XVI.

LES MÊMES ; GABRIELLE, masquée.

Ensemble.

Mme GRÉGOIRE.

Ah ! d'effroi mon cœur est tremblant !
Pour moi, qui n'ai pas son audace,
J'aurais bravement à sa place
   Affronté le galant !

M. DE VAUDREUIL.

Ah ! d'effroi mon cœur est tremblant !
Je la perds à force d'audace !
Du sort détournons la menace
   Et soyons vigilant !

ZURICH.

Ah ! che ris sans faire semplant !
Enfin le sort me téparrasse
De ceux qui venaient à ma place,
   Ici se faufilant !

LES SEIGNEURS.

Rien n'échappe à son œil vigilant !
Du plan que rêvait notre audace
Sans peine il a saisi la trace,
   C'est vraiment désolant !

GABRIELLE.

Ah! d'effroi mon cœur est tremblant!
Cachons la frayeur qui me glace
Et trompons, à force d'audace,
Son regard vigilant!

DASSONVILLIERS.

Noir complot ou rendez-vous galant,
Je saurai tout ce qui se passe...
Point de secret qui m'embarrasse,
Mais soyons vigilant!

LA RENAUDIÈRE.

Rien n'échappe à son œil vigilant...
Du plan que rêvait leur audace
Sans peine il a saisi la trace.
Ah! vraiment, quel talent!

LE CHŒUR.

Noir complot ou rendez-vous galant,
Que veut ce masque plein d'audace?
Observons tout ce qui se passe
D'un regard vigilant.

(Après cet ensemble, Dassonvilliers passe à côté de Gabrielle et s'adresse
à elle avec une sorte de galanterie.)

DASSONVILLIERS.

Pardon, beau masque,
Lutin fantasque,
Mais, sur l'honneur, je suis jaloux
De contempler tes traits si doux!
A ce caprice,
Mais en secret,
Qu'on obéisse;
Je suis discret.
Fais que d'un regard bien discret
Je puisse te voir en secret!

M. DE VAUDREUIL, se plaçant devant Gabrielle.

Ah! pour madame,

Moi je réclame,
C'est à moi d'être son soutien,
Son chevalier et son gardien !
(A Dassonvilliers.)
C'est un caprice
Fort indiscret !
Pour la police
J'en ai regret !
(A Gabrielle.)
Mais, moi vivant, nul indiscret
Ne connaîtra votre secret.

DASSONVILLIERS, s'animant.

Ce zèle éclaire ma justice,
Et madame est votre complice !...

M. DE VAUDREUIL.

Qu'importe ?

Mme GRÉGOIRE, à part.

Pour eux quel danger !

DASSONVILLIERS.

Soit... Je priais et je vais exiger.
(Plus menaçant.)
Or çà, beau masque,
Démon fantasque,
Sans hésiter, obéis-moi !
J'ai pour moi la force et la loi !

M. DE VAUDREUIL, l'épée en main et menaçant Dassonvilliers.

C'est un caprice
Fort indiscret !
Pour la police
J'en ai regret !
(A Gabrielle.)
Mais, moi vivant, nul indiscret
Ne connaîtra votre secret.

Ensemble.

M. DE VAUDREUIL.

Non, moi vivant, nul indiscret
Ne trahira votre secret.

DASSONVILLIERS.

Allons, il me faut ton secret,
Un refus serait ton arrêt !

Mme GRÉGOIRE et LE CHOEUR.

Ah! c'en est fait! leur perte est décidée!

DASSONVILLIERS.

Soldats du guet, avancez-tous !

M. DE VAUDREUIL, à part et se frappant le front.

Ah! la lettre du roi!... Parbleu! c'est une idée !
(A voix haute.)
Soldats du guet, retirez-vous!
(S'approchant de Dassonvilliers et à voix basse.)

Dans l'intérêt de la favorite, vous voulez forcer madame à se démasquer et nous envoyer tous ce soir à la Bastille?... soit! Mais je vous préviens que vous y serez demain à notre place.

DASSONVILLIERS, à haute voix.

Qu'est-ce à dire?

M. DE VAUDREUIL.

Connaissez-vous l'écriture de Sa Majesté?

DASSONVILLIERS.

Je m'en vante!

M. DE VAUDREUIL, lui remettant la lettre qu'il a sur lui.

Lisez donc!

DASSONVILLIERS.

Un billet écrit et signé par le roi! (Le parcourant.) « Le « règne de madame de Pompadour est fini. Dites un mot, et « demain le vôtre commence. » (A part) Ah! qu'allais-je faire?

(S'avançant vers Gabrielle et s'inclinant.)
Non, non, beau masque,
Doux et fantasque,
Votre désir est un arrêt,
A vous obéir je suis prêt!

Ensemble.

DASSONVILLIERS, à part.

Dieux! qu'allais-je faire?
Agent téméraire,
Quel démon contraire
Me faisait agir?
Mais, prudent et sage,
Conjurons l'orage;
A mon avantage
Tâchons d'en sortir!

Mme GRÉGOIRE.

Moyen tutélaire,
Qui dans cette affaire,
D'un destin contraire
Vient les affranchir!
Amour, Dieu volage!
Voilà ton ouvrage,
Et plus d'un, je gage,
Devra t'en bénir!

GABRIELLE.

Hasard tutélaire,
Ruse salutaire,
Que dans cette affaire
Mon cœur doit bénir,
Avant le naufrage,

    Tu calmes l'orage,
    Lorsque mon courage
    Allait me trahir...

ZURICH.

    En pon militaire,
    Che tefais me taire...
    Et dans cette affaire
    Touchours opéir!
    Mais prenons courage,
    Seul en mon ménage,
    D'ordonner, je gage,
    J'aurai le plaisir !

M. DE VAUDREUIL.

    Hasard tutélaire,
    Ruse salutaire
    Que dans cette affaire
    Mon cœur doit bénir!
    Avant le naufrage,
    Tu calmes l'orage,
    Lorsque son courage
    Allait la trahir!

LA RENAUDIÈRE et LE CHOEUR.

    L'amusante affaire !
    Chacun y peut faire
    Plus d'un commentaire
    Suivant son plaisir.
    Mais après l'orage,
    Bientôt, doux présage,
    L'on verra, je gage,
    Le beau temps venir!

DASSONVILLIERS, à Gabrielle.

Et maintenant, que veut madame ?

M. DE VAUDREUIL, montrant ses amis.

Pour eux, pour moi, la liberté.

DASSONVILLIERS.

Soit vous pouvez, je le proclame,
Vous retirer en sûreté!...
(A Gabrielle.)
Après?

M. DE VAUDREUIL.

Chez elle ordonnez ensuite
Que madame soit reconduite.

DASSONVILLIERS.

Je vais moi-même et de ce pas
Escorter madame!

(Geste d'effroi de Gabrielle.)

GABRIELLE.

Non pas!

(A part.)
Ah! je me meurs!

(Haut et balbutiant.)
Il est trop tard pour que je puisse
Rentrer en mon hôtel.

M. DE VAUDREUIL.

Ah! quel destin propice!
J'offre le mien.

DASSONVILLIERS.

Le mien!

M. DE VAUDREUIL.

C'est celui d'un ami.

DASSONVILLIERS.

Celui d'un magistrat!

M. DE VAUDREUIL, avec joie.

Daignez choisir ici!

DASSONVILLIERS et M. DE VAUDREUIL.

Choisissez! choisissez!

GABRIELLE, à part.

Mon Dieu! c'est fait de moi!

DASSONVILLIERS et M. DE VAUDREUIL.

Choisissez? choisissez?

GABRIELLE.

Que Dieu veille sur moi!
(Après avoir hésité, elle étend sa main du côté de Dassonvilliers.)

DASSONVILLIERS.

Chez moi! chez moi!
Je suis, ma foi,
Heureux comme un roi!
(A madame Grégoire.)
Fais avancer une chaise à porteurs.
(Madame Grégoire parle à voix basse à Zurich qui sort.)

Ensemble.

DASSONVILLIERS, ravi.

Dieux! la bonne affaire!
Le destin prospère
M'offre en ma carrière
Honneur et plaisir.
Prévoyant et sage,
Dans un doux servage,
À ses pieds j'engage
Tout mon avenir!

GABRIELLE.

J'ai dû me soustraire
A ce téméraire!
Que viens-je de faire?
Devais-je faiblir!
L'honneur qui m'engage
A braver l'orage
Soutient mon courage,
Prêt à me trahir!

Mme GRÉGOIRE.

Moyen téméraire!
Que va-t-elle faire?
De pareille affaire
Comment donc sortir?
Par ma foi, j'enrage,
Quand femme trop sage
Semble avec l'orage
Jouer à plaisir...

M. DE VAUDREUIL.

Moyen téméraire!
Que va-t-elle faire?
De pareille affaire
Comment donc sortir?
Mais son fier courage
Qu'ici je partage,
Pour elle m'engage
A vivre ou mourir!

ZURICH, revenant.

En pon militaire, etc.

LA RENAUDIÈRE et LE CHOEUR.

L'amusante affaire! etc.

(Sur la fin de cet ensemble, la Renaudière, qui est allé au fond du théâtre, revient et dit :)

LA RENAUDIÈRE.

La chaise est aux ordres de monseigneur.

(Dassonvilliers prend la main de Gabrielle et l'emmène, tandis que chacun se range pour les laisser passer.)

ACTE TROISIÈME

Les jardins de l'hôtel Dassonvilliers. — Vaste jardin fermé au fond par un mur que cachent des treilles, garnies de lierre ou de touffes d'arbres verts. — Toujours au fond et en face du spectateur, une grande porte cochère, avec une porte en guichet, s'ouvrant dans l'un des pans. — A gauche, l'entrée de la maison, à droite l'entrée d'un pavillon, fermés chacun par une grille. Sur les premiers plans, de chaque côté, des bancs de jardin.

SCÈNE PREMIÈRE.

Mme GRÉGOIRE, seule.

(Au lever du rideau, on voit la porte du fond s'ouvrir et madame Grégoire paraît enveloppée d'une mante et portant une lanterne sourde.)

AIR.

Comment viendrai-je en aide à ma pauvre marraine?
Je ne sais!... mais près d'elle au moins, je serai là,
   Et l'amitié m'inspirera!

(Elle tourne la lanterne sourde qui éclaire le théâtre et examine quelques instants le vaste jardin où elle se trouve, ainsi que la maison à gauche et le pavillon à droite.)

J'ai précédé monseigneur, et sans peine !
(Souriant.)
Il donnait aux porteurs, un écu!... tout autant
Pour courir!... et moi...
(Faisant signe de glisser en secret de l'argent dans la main.
          Deux pour aller doucement,

Aussi depuis longtemps je serais arrivée,
Sans ma course entravée
A chaque rue, à chaque pas
Par le joyeux délire, enfant du mardi gras. .

    Sous sa casaque blanche
    Pierrot, jeune et galant,
    M'arrêtant par la manche,
    Me dit en soupirant :

    « La belle Colombine
    Est moins que toi, divine!
    Un mot! rien qu'un seul mot
    A ton ami Pierrot! »

Je veux fuir! — C'est un débardeur,
    Le cœur
    Plein d'ardeur!
    C'est Cadet-Buteux
      Aux yeux
      Amoureux!

    (Air de basse taille bouffe.)
    « Le bal nous appelle,
    C'est la fin du jour,
    Je me meurs, ma belle,
    De soif... et d'amour!
Entrons, entrons, belle Manon,
Entrons, pinçons un rigodon!
    — Non!
    — Comment non?
— Non, non, non, non, non, non, non!
    Laissez-moi donc! »

    O vous, damnés lutins,
    Messieurs les diablotins,
    Messieurs les Arlequins,
    Débardeurs et malins,
    Et Pierrots et Scapins!
    Bas les mains! bas les mains!
      Bas les mains!

Mais un péril plus grand encor !

A ses belles
Dentelles,
A ses boucles en or,
A son front plein d'orgueil,
A sa mouche sous l'œil,
Je reconnais
Les traits
Et la mine égrillarde
D'une jeune poissarde
Me barrant le chemin,
Et m'accostant soudain :
(Air poissard.)
« Ah!... Ah!... C'est donc toi qui veux
D'Cadet-Buteux,
Mon amoureux !
Défends tes yeux !

Y' approche un p'tit brin,
Mamz'el Pékin,
T'as du bagout
Et puis v'là tout !
Va, j't'apprendrai,
Sainte Nitouche,
J'te montrerai
D'queu pied je m'mouche !
Si tu tomb' une fois
Sous mes cinq doigts,
J't'en avertis,
Je te l'prédis,
J't'envoy' tout droit en paradis ! »

O vous, de la halle
Ou reine, ou vestale,
Pourquoi ce scandale ?
Je cède à vos feux,
A vos chastes feux,
Cadet-Buteux,
Votre amoureux !

(Reprise de l'air poissard.)
« Ah! ah!... Tu fais la z'huppée!
  Belle poupée,
  Bel oiseau bleu,
  En camaïeu! »

Y' approche un p'tit brin, etc.

Mais, pour protéger l'innocence,
Le ciel envoie à ma défense
Un escadron vif et coquet,
Tous abonnés du cabaret.

  Robins et militaires,
  Pages et mousquetaires,
  J'entends soudain leurs voix
  S'écrier à la fois :

    « C'est trop d'audace!
    Qu'on fasse place
    A la maitresse,
    La belle hôtesse
    Du *Vert-Galant*,
    Bouchon charmant!
    Madam' Grégoire
    Qui donne à boire,
    Madam' Grégoire
    Dont l'oratoire
    S'ouvre aux penseurs
    Comme aux buveurs! »

  Madam' Grégoire!
De ce nom si connu
Admirez la vertu!
  Madam' Grégoire!
  Victoir'! victoire!

Messieurs les Arlequins,
Débardeurs et malins,

Et Pierrots et Scapins
Oubliant leurs desseins,
Deviennent tous des saints.
Bas les mains! bas les mains!

Non, plus d'audace!
Chacun fait place
A la maîtresse,
La noble hôtesse
Du *Vert-Galant*,
Bouchon charmant!
Madam' Grégoire
Qui donne à boire!
Madam' Grégoire
Dont l'oratoire
S'ouvre aux penseurs
Comme aux buveurs!
Non, plus d'audace,
Plus de menace!
A ce nom-là,
Les rangs s'ouvrent... je passe,
Je passe...
Et me voilà!

(Écoutant vers le fond du théâtre.)

Eh! mais, quel bruit ? (Elle ferme la lanterne sourde, le théâtre redevient obscur.) C'est du côté de la muraille, un monsieur en descend... si c'était un voleur... un voleur! chez monsieur le lieutenant de police! à moins que ce ne soit un amant... De la prudence et ne crions pas, avant d'être bien sûre...

(Elle s'éloigne du côté du pavillon.)

SCÈNE II.

GASTON, sautant de la muraille à terre.

Sauvé!... mais quelle nuit! et quelle surprise, lorsque j'ai vu paraître M. Dassonvilliers, dans la chambre de madame Grégoire! que diable mon oncle venait-il faire là ? je n'ai eu que le temps de sauter par la fenêtre, de courir jusqu'ici et d'escalader la muraille au risque de me casser le cou.

ARIETTE.

Mon Dieu ! qu'un bal
De carnaval
Est une chose
Triste et morose!
J'avais rêvé
De m'y distraire,
Tout le contraire
Est arrivé !

De rire et de boire
Quand je m'efforçais,
Lorsque j'embrassais
Madame Grégoire,
Quand je me glissais
Seul en sa chambrette,
A vous, ma Lucette,
Toujours je pensais,
Et je me disais :

Où trouver ailleurs
Ces traits enchanteurs,
Cet éclat de rose
Au matin éclose?
Où trouver ailleurs
Ces appas vainqueurs
Où l'amour se pose
Pour charmer les cœurs?

Où donc trouver mieux
Que ces jolis yeux,
Que ce gai sourire
Dont le charme attire ?
Où donc trouver mieux
Que ces jolis yeux,

Où des cieux se mire
L'azur radieux ?

Où trouver ailleurs, etc.

C'est dit, c'est juré!
Et, bon gré malgré,
Perfide, cruelle,
Je vous aimerai!

(A la fin de ce morceau et par la porte du fond que madame Grégoire a laissée entr'ouverte, s'élance Lucette, tremblante et se soutenant à peine, elle s'appuie contre la porte que le poids de son corps fait refermer.)

SCÈNE III.

GASTON, sur le devant du théâtre, LUCETTE au fond.

LUCETTE.

Enfin me voilà! j'ai cru que je n'arriverais jamais.

GASTON.

Qui va là?...

LUCETTE, tressaillant.

Encore un danger! peut-être un malfaiteur!... Qui que vous soyez, je vous en supplie, ne me faites pas de mal.

GASTON.

O ciel! cette voix... Lucette...

LUCETTE.

Gaston!

GASTON.

Lucette! sous ce costume!

LUCETTE.

Oui! j'ai passé la nuit dehors; n'en dites rien, Gaston, je serais perdue.

GASTON.

Moi, vous perdre, Lucette!... moi qui ai fait comme vous.

LUCETTE.

Vous aussi! c'est charmant! c'est-à-dire, non! je suis d'une inquiétude!... je ne sais pas ce qu'est devenue ma tante, ma pauvre tante, dont la foule m'avait séparée.

GASTON.

Eh bien?

LUCETTE.

J'étais partie avec elle pour le bal de la cour, nous devions être présentées au roi.

GASTON.

Au roi?

LUCETTE.

Jusque-là c'était bien. A notre arrivée... Sa Majesté est venue saluer ma tante, et lui a parlé bas en lui remettant un papier. Je n'ai rien pu entendre, seulement... ma tante s'est écriée : « Jamais, Sire! » puis elle s'est levée pour danser avec M. le comte de Vaudreuil qui venait de l'inviter. Alors, le roi m'a regardée en souriant; j'ai fait de même; puis il m'a dit : « Serai-je plus heureux près de vous, ma jolie demoiselle? »... J'ai répondu : « Cela dépend de Votre Majesté. — De moi? auriez-vous quelque chose à me demander? — Oui, Sire! — Parlez, que voulez-vous? — Je veux une compagnie de dragons? »... Si vous aviez vu l'air étonné du roi! tenez, comme vous en ce moment! puis il a ajouté : — « Pour vous? — Non, Sire; c'est pour Gaston que l'on veut faire abbé... »

GASTON.

Pour moi!... vous avez dit cela, ma chère et bonne Lucette!... Eh bien?...

LUCETTE.

Eh bien!... le roi s'est mis à rire. — « J'arrangerai tout cela avec Vaudreuil, » a-t-il dit. Puis, avec la même bonté, il a ajouté très-bas : « Quand on parle au roi, il faut lui dire toute la vérité, quoique ce ne soit pas l'habitude ; vous aimez Gaston, n'est-ce pas?... » J'ai répondu : « Oui, Sire! »

GASTON, ravi.

Qu'entends-je ?

LUCETTE.

Qu'est-ce que j'ai dit là! Pardon, Gaston, pardon! j'ai oublié que vous n'étiez pas le roi de France.

GASTON.

Oh! je ne changerais pas mon sort contre le sien! aimé de vous! Dieu! que je suis heureux! mais mon bonheur me fait tout oublier... vous en domino, dans ce jardin... au mois de février... vous allez vous enrhumer.

LUCETTE.

C'est possible... mais comment rentrer dans la maison ?... Par je ne sais quel bon hasard j'ai trouvé la porte du jardin ouverte....

GASTON.

Moi... je l'avais trouvée fermée... et j'ai été obligé de prendre... par-dessus le mur.

LUCETTE, montrant la grille à gauche.

Mais cette grille, cette maudite grille...

GASTON, la secouant fortement.

Impossible de la briser!

LUCETTE.

Taisez-vous donc!

SCÈNE IV.

GASTON et LUCETTE, à gauche près de la grille, Mme GRÉGOIRE, revenant par la droite.

Mme GRÉGOIRE, à part.

Décidément le jardin est habité... habité par des oiseaux dont je crois reconnaître le ramage.

GASTON.

Impossible de rentrer dans nos appartements.

LUCETTE.

Et demain on va nous trouver ici, tous les deux, renfermés dehors!

Mme GRÉGOIRE, s'avançant.

Et là... là... calmez-vous.

LUCETTE.

Qui a parlé?...

Mme GRÉGOIRE.

Madame Grégoire.

GASTON, avec joie, courant près d'elle.

Nous sommes sauvés!

Mme GRÉGOIRE.

Eh! oui... c'est moi... mes gentils oiseaux, qui viens vous aider à sortir de cage... ou plutôt à y rentrer. (Tirant une clef de sa poche et ouvrant la grille.) Vous n'avez pas de temps à perdre, car bientôt votre oncle va revenir.

LUCETTE.

Il est donc sorti aussi?

Mme GRÉGOIRE.

Toute la maison.

LUCETTE.

Qui vous l'a dit?

GASTON.

Est-ce qu'elle ne sait pas tout!

Mme GRÉGOIRE, les faisant passer devant elle.

Allons, allons, rentrez tous deux, et surtout soyez bien sages.

(Lucette et Gaston entrent par la grille à droite que madame Grégoire referme.)

SCÈNE V.

Mme GRÉGOIRE, près de la grille à gauche. La porte du fond s'ouvre et l'on voit paraître DASSONVILLIERS, donnant la main à GABRIELLE et suivi de LA RENAUDIÈRE.

COUPLETS.

DASSONVILLIERS.

Premier couplet.

Dans cet asile discret,
Entrez, entrez, noble dame,
Vous, d'une royale flamme
Le mystérieux objet!
La couronne
Qu'amour vous donne,
M'en promet une autre à moi;
Favorite,
A votre suite,

Je serai, je serai...

Mme GRÉGOIRE, *au fond du théâtre, à part.*

Quoi?

DASSONVILLIERS.

L'ami... le favori du roi !

Deuxième couplet.

Ah ! j'étais né constellé !
O gloire ! ô chance opportune !
On court après la fortune...
Chez moi je la tiens sous clé !
Oui, les grâces
Et les places
Ne dépendront que de moi !
Favorite,
A votre suite,
Je serai, je serai...

Mme GRÉGOIRE, *à part.*

Quoi?

DASSONVILLIERS.

L'ami, le favori du roi !

Ensemble.

GABRIELLE.

Mon Dieu, mon Dieu, protégez-moi !
Je tremble de honte et d'effroi.

Mme GRÉGOIRE.

Il sera bientôt, je le voi,
L'ami, le favori du roi.

DASSONVILLIERS.

Je serai, je serai, moi,
L'ami, le favori du roi !

LA RENAUDIÈRE.

Ah! quel avantage pour moi,
S'il devient favori du roi!

Mme GRÉGOIRE, sur la ritournelle de l'air, s'approchant de Gabrielle et à voix basse.

Je suis près de vous, ma marraine, du courage!

DASSONVILLIERS, appelant.

La Renaudière, où es-tu?

LA RENAUDIÈRE.

Me voici! (A part.) Il ne me laissera pas libre un instant!... et mon rendez-vous avec madame Grégoire!

DASSONVILLIERS, lui montrant le pavillon à droite.

Vite, de la lumière et du feu, dans mon cabinet. (Se retournant vers Gabrielle.) Dans l'instant, madame, il sera en état de vous recevoir.

GABRIELLE, à qui madame Grégoire vient de parler bas.

Non!... je préfère rester ici.

DASSONVILLIERS, la cherchant dans l'ombre.

En ce jardin?... Quelle idée!... et pourquoi... pourquoi, madame?

GABRIELLE, bas à madame Grégoire.

Que dire? que répondre?

Mme GRÉGOIRE, à voix basse.

Trouvez-vous mal, cela répond à tout.

GABRIELLE, se laissant tomber sur le banc du jardin, qui est derrière elle.

Ah! je me sens défaillir!

DASSONVILLIERS.

O ciel! elle se trouve mal! chez moi! c'est le froid... il

n'y a pas de doute... (A la Renaudière.) Cours vite!... non, reste ici, près d'elle, ne la quitte pas surtout, je cours chercher moi-même, dans mon cabinet, un flacon de sels que tu ne trouverais jamais.

(Pendant que Dassonvilliers cherche dans sa poche la clef du pavillon, et qu'il en ouvre la porte à droite, madame Grégoire vient d'ouvrir la grille à gauche.)

Mme GRÉGOIRE.

Eh vite, ma marraine!

GABRIELLE, s'élançant vers la grille.

Merci, ma filleule! (Près d'entrer, elle s'arrête.) Et ce papier que le roi m'a remis pour lui, je ne peux pas le lui donner.

Mme GRÉGOIRE, le prenant.

Je m'en charge!

(Gabrielle s'élance par la grille à gauche, Dassonvilliers dans le pavillon à droite, les deux portes se ferment en même temps.)

SCÈNE VI.

Mme GRÉGOIRE, qui vient de se jeter sur le banc à gauche, LA RENAUDIÈRE.

LA RENAUDIÈRE, à part.

Cette grande dame qui s'évanouit ainsi! c'est drôle! d'autant qu'à la lueur du jour qui commence à poindre, elle a l'air diantrement gentille. (S'approchant d'elle, à haute voix.) Est-ce vrai, madame, que vous vous trouvez mal?

Mme GRÉGOIRE, étendue sur le banc.

Oui!

LA RENAUDIÈRE, s'avançant encore plus près.

Est-il possible! et comment cela?

Mme GRÉGOIRE, de même.

D'indignation !

LA RENAUDIÈRE, regardant.

O ciel ! cette voix... ces traits ! madame Grégoire !!

Mme GRÉGOIRE, se croisant les bras.

Voilà-t-il assez longtemps, monsieur, que je vous attends !

LA RENAUDIÈRE.

J'arrive aussi... ce n'est pas ma faute, c'est celle de M. Dassonvilliers... mais plus tard, ma petite madame Grégoire... plus tard.,. n'est-ce pas ?

Mme GRÉGOIRE.

Jamais ! voici votre clef. (Avec intention.) Un instant elle eut quelque prix à mes yeux, mais maintenant reprenez-la ! tout est fini.

SCÈNE VII.

LES MÊMES ; DASSONVILLIERS, sortant du pavillon à droite, un flacon à la main.

DASSONVILLIERS.

Me voici, madame, me voici !... Tiens ! madame Grégoire, chez moi à pareille heure !... qu'est-ce qui t'amène ?

Mme GRÉGOIRE.

Rien de plus simple.

DASSONVILLIERS, l'interrompant et regardant autour de lui.

Mais l'autre... l'autre dame, où est-elle ?

LA RENAUDIÈRE.

Laquelle ?

DASSONVILLIERS.

La grande dame avec qui je t'ai laissé ?...

LA RENAUDIÈRE.

Vous ne m'avez laissé qu'avec madame Grégoire.

DASSONVILLIERS.

Que tu as vue, là, sur ce banc.

LA RENAUDIÈRE.

Je n'y ai vu que madame Grégoire.

DASSONVILLIERS.

Toujours madame Grégoire !

LA RENAUDIÈRE.

Je n'en ai pas vu d'autre.

DASSONVILLIERS.

Celle enfin... qui tout à l'heure s'est évanouie...

LA RENAUDIÈRE.

Vous avez raison, monsieur, évanouie... disparue comme une ombre... et à moins que ce ne soit avec vous...

DASSONVILLIERS.

Ah ! je n'y conçois rien.

LA RENAUDIÈRE.

Ni moi non plus.

DASSONVILLIERS.

Et personne pour nous répondre !

LA RENAUDIÈRE.

Pour nous renseigner !

DASSONVILLIERS, le prenant au collet.

Et si tu ne peux m'apprendre comment cette grande

dame est partie, tu m'apprendras du moins comment madame Grégoire est entrée, et pourquoi... elle y est.

LA RENAUDIÈRE, troublé.

Moi... monsieur... je ne sais pas...
(On entend sonner l'horloge.)

Mme GRÉGOIRE, à part.

Huit heures sonnent! (Haut.) Je vais vous le dire, monseigneur... parce que je l'avais promis...

DASSONVILLIERS.

A qui?...

Mme GRÉGOIRE.

A vous!

DASSONVILLIERS.

A moi!

Mme GRÉGOIRE.

Eh! oui vraiment! (On frappe à la porte cochère.) Voyez donc, monsieur de la Renaudière, on frappe. (Se retournant vers Dassonvilliers.) Ne vous avais-je pas promis, hier soir, monseigneur, de vous apporter ce matin un quartaut de vin de Grave? (La porte cochère s'ouvre et paraît Zurich roulant un tonneau sur un haquet.) Le voici qui attend depuis une heure à votre porte.

LA RENAUDIÈRE.

C'est ma foi vrai!

DASSONVILLIERS.

Va-t'en au diable avec ton quartaut!

Mme GRÉGOIRE, bas à Zurich.

Bien, Zurich, tu es exact.

ZURICH.

Ya!

Mme GRÉGOIRE, à Dassonvilliers.

Dans quelle partie de vos caves voulez-vous que Zurich roule ce tonneau?

DASSONVILLIERS.

Il ne s'agit ni de Zurich, ni de quartaut. Il s'agit d'une grande dame qui était là tout à l'heure, qui est soudain disparue et qui, après tout, n'a pu s'en aller que par la rue.

Mme GRÉGOIRE.

Par la rue, une grande dame qui s'en allait... attendez donc, c'est différent.

DASSONVILLIERS, vivement.

Tu l'as rencontrée?...

Mme GRÉGOIRE.

Au moment où j'arrivais, il y avait à cette porte un beau carrosse...

DASSONVILLIERS, à la Renaudière.

Et tu ne l'as pas vu?...

LA RENAUDIÈRE.

Non, monsieur.

Mme GRÉGOIRE.

Une belle dame y montait.

DASSONVILLIERS, à la Renaudière.

Et tu ne l'as pas vue!...

LA RENAUDIÈRE.

Non, monsieur.

DASSONVILLIERS, avec colère.

Mais tu ne vois donc rien ! (A madame Grégoire.) Et cette dame sortait...

Mme GRÉGOIRE, montrant la porte du fond.

De cette porte, qu'elle avait laissée entr'ouverte et par laquelle je suis entrée.

DASSONVILLIERS, à la Renaudière.

Et tu ne l'as pas vue!...

LA RENAUDIÈRE.

Non, monsieur... ça n'est pas.

Mme GRÉGOIRE.

Cela est... je vous le jure!

LA RENAUDIÈRE.

Et moi aussi, je vous le jure.

DASSONVILLIERS.

Tais toi... je ne veux croire que Mme Grégoire... va-t-en, et plus tard tu m'expliqueras... ou sinon!...

LA RENAUDIÈRE, avec désespoir.

Monsieur... c'est inexplicable. (Sortant.) Ah! j'en deviendrai fou!

SCÈNE VIII.

ZURICH, à gauche à l'écart, Mme GRÉGOIRE, DASSONVILLIERS.

DASSONVILLIERS à madame Grégoire.

A nous deux maintenant... dis-moi tout !

Mme GRÉGOIRE.

Voici ce que j'ai vu.

TRIO BOUFFE.

Mme GRÉGOIRE, à Dassonvilliers.

Une belle dame...

DASSONVILLIERS, vivement.

C'est ça !

Mme GRÉGOIRE.

Au regard de flamme !

DASSONVILLIERS.

Oui-da !

Mme GRÉGOIRE.

Tenez, suis-je bête !
La même, ma foi,
Dont vous fîtes chez moi
L'heureuse conquête !

DASSONVILLIERS.

Tais-toi, silence !
Un pareil fait
Doit, par prudence,
Rester secret !

Mme GRÉGOIRE.

Eh bien ! je l'ai vue,
En carrosse d'or
Prenant son essor,
Se perdre à ma vue !...
Clic ! clac ! et voilà
Qu'elle est loin déjà !

DASSONVILLIERS, très-surpris.

Ah ! bah !... Mais quelle raison avait-elle de s'enfuir ainsi de chez moi, où elle était entrée d'elle-même ?

Mme GRÉGOIRE.

Vous ne me croyez pas ? Vous faut-il un témoin ?... (Appelant Zurich.) Approche (Bas et lui donnant un coup.) et dis comme moi.

Mme GRÉGOIRE et ZURICH.

Une belle dame...

DASSONVILLIERS.

C'est ça !

Mme GRÉGOIRE et ZURICH.

Au regard de flamme ?

DASSONVILLIERS.

Oui-da !

Mme GRÉGOIRE et ZURICH.

Tenez, suis-je bête !
Celle dont tantôt,
Vous fîtes sitôt
L'heureuse conquête !

DASSONVILLIERS, les faisant taire.

Moins haut !
Prends garde !
Parlez moins haut,
Langue bavarde
Est un défaut !

Mme GRÉGOIRE et ZURICH.

Eh bien ! je l'ai vue,
En carrosse d'or
Prenant son essor,
Se perdre à ma vue !...
Clic ! clac ! et voilà
Qu'elle est loin déjà !

DASSONVILLIERS.

C'est fort extraordinaire. (A Zurich, d'un ton menaçant.) Tu sais que si tu avais l'audace de me mentir, tu serais pendu !

ZURICH, effrayé.

Pentu !

Mme GRÉGOIRE, à voix basse, le poussant.

Qu'importe !

ZURICH, bas.

Ah! si c'être la gonzigne!

DASSONVILLIERS, à Zurich.

Ainsi, celle que tu as vue, c'était :
Une noble dame...

Mme GRÉGOIRE, appuyant.

Une noble dame...

ZURICH, tremblant.

Ya! ya!

DASSONVILLIERS et Mme GRÉGOIRE.

Au regard de flamme?

ZURICH, de même.

Ya! ya!

DASSONVILLIERS.

Bref! sans plus d'enquête,
Celle dont tantôt,
J'ai fait en un mot
L'heureuse conquête...

ZURICH, de même, à part.

Bientôt, j'en pleure,
Là, comme un sot,
Pentu sur l'heure,
Foilà mon lot!

DASSONVILLIERS.

Eh bien! tu l'as vue,
En carrosse d'or
Prenant son essor,
Se perdre à ta vue?...
Clic! clac! et voilà
Qu'elle est loin déjà?

ZURICH, prêt à défaillir.

Ya, ya!
Ya, ya!

DASSONVILLIERS.

Enfin, elle est partie! c'est prouvé; mais lorsque nous avions à nous entendre sur tant de choses, pourquoi partir sans me prévenir?

Mme GRÉGOIRE.

Un incident imprévu l'y a peut-être forcée,... car elle avait l'air contrarié. (A Zurich.) N'est-ce pas, Zurich?...

ZURICH.

Ya!

DASSONVILLIERS, vivement.

En vérité!

Mme GRÉGOIRE.

La preuve... c'est qu'elle m'a dit... en me voyant entrer : « Petite, voici un papier que je ne puis, à mon grand regret, remettre moi-même à monsieur le lieutenant civil. »

DASSONVILLIERS.

Est-il possible!

Mme GRÉGOIRE.

Demandez à Zurich.

ZURICH.

Ya!

DASSONVILLIERS.

Et ce papier, où est-il?

Mme GRÉGOIRE.

Dans ma poche.

DASSONVILLIERS.

Et tu ne me l'as pas encore donné!

(Pendant que madame Grégoire cherche dans ses poches, Gabrielle, Lucette, en robes du matin, et Gaston paraissent derrière la grille à gauche.)

GABRIELLE.

Bonjour, monsieur.

LUCETTE et GASTON.

Bonjour, mon oncle... Vous avez bien dormi?...

GABRIELLE.

Mais ouvrez-nous donc...

LUCETTE et GASTON.

Car nous sommes prisonniers et vous avez la clef.

DASSONVILLIERS.

C'est vrai! (Arrachant des mains de madame Grégoire le papier qu'elle lui présente et allant ouvrir la grille.) Sortez, sortez... vous êtes libres.

SCÈNE IX.

Les mêmes; GABRIELLE, LUCETTE et GASTON traversent le théâtre et courent près de madame Grégoire.

GASTON.

Ah! c'est la bonne petite madame Grégoire.

DASSONVILLIERS, qui vient d'ouvrir et de parcourir la lettre, pousse un cri de joie.

Ciel! moi baron!... le roi me nomme baron!

LUCETTE et GASTON.

Est-il possible!

GABRIELLE.

Enfin donc, madame de Pompadour s'est décidée à vous

accorder... ce que vous lui demandiez depuis si longtemps.

DASSONVILLIERS.

Elle !... allons donc... ce n'est pas elle... c'est mieux que ça.

GASTON et LUCETTE.

Eh ! qui donc ?

DASSONVILLIERS.

Il est des choses que je ne puis vous dire. (A Gabrielle.) que vous ne pouvez savoir... mais que je sais, moi je sais tout.

Mme GRÉGOIRE.

Ah ! çà, monsieur le baron, mon quartaut s'impatiente, voulez-vous oui ou non qu'on le porte à la cave ?

DASSONVILLIERS.

Eh oui... il servira à arroser ma baronnie. (On frappe à la porte du fond.) Ah ! déjà les félicitations qui m'arrivent.
(Madame Grégoire va ouvrir. Paraît un nègre qui lui présente un papier et disparaît.)

DASSONVILLIERS, avec dédain.

Le nègre de madame de Pompadour... que me veut-elle encore ?...

Mme GRÉGOIRE, lui remettant le papier.

Vous le verrez... (A Zurich.) Et nous, à la cave !

(Ils sortent.)

DASSONVILLIERS, ouvrant la lettre.

J'espère que bientôt ces messages vont finir... (La lisant.) Quelle insolence !...

GASTON et LUCETTE.

Qu'est-ce donc, mon oncle ?...

DASSONVILLIERS, d'un air grave.

Des secrets d'État... laissez-moi, mes enfants.

(Lucette et Gaston sortent.)

GABRIELLE.

Est-ce quelque danger qui vous menace, monsieur?

DASSONVILLIERS.

Certainement... mais il faut les braver... il faut avoir du courage... le courage de ses opinions... et je me déclare ouvertement pour la nouvelle favorite.

GABRIELLE.

Que dites-vous?

DASSONVILLIERS.

Silence! nous allons, je le sais, nous faire de puissants ennemis... mais nous aurons aussi des amis dévoués...
(Regardant vers le fond et apercevant le comte de Vaudreuil qui entre par la porte que le nègre a laissée ouverte.)

SCÈNE X.

GABRIELLE, DASSONVILLIERS, LE COMTE DE VAUDREUIL.

DASSONVILLIERS.

Ah! cher comte, je pensais à vous... je parlais d'amis qui ne nous quitteront pas, qui ne nous abandonneront jamais.

M. DE VAUDREUIL, regardant Gabrielle.

Je vous le jure.

DASSONVILLIERS.

Aussi je suis enchanté de vous voir.

M. DE VAUDREUIL.

Moi aussi... j'étais fort inquiet, et je venais savoir comment vous aviez tous passé la nuit.

DASSONVILLIERS.

Parfaitement, Dieu merci!... ma femme a très-bien dormi, pendant que vous et moi nous nous occupions d'affaires d'État... Je dois vous l'avouer, mon cher comte, ce n'est pas parce que je suis baron et que j'espère bien être plus encore, mais je suis ravi!... Quelle délicieuse personne que la nouvelle favorite!... nous pouvons en parler devant ma femme... elle sait une partie de nos projets. (A Gabrielle.) Oui, chère amie... j'ai reconduit cette nuit... la nouvelle favorite... qui est ravissante... pas tant que toi cependant... mais elle a trouvé ici sa voiture qui l'attendait... (A M. de Vaudreuil.) Je l'ai aidée à y monter et je suis rentré près de ma femme qui se lève à l'instant.

M. DE VAUDREUIL, à part.

Je n'y suis plus.

DASSONVILLIERS.

Il ne s'agit pas de cela, mais d'affaires plus graves et plus importantes. La Pompadour ne peut pas rester en place... un jour de plus.

M. DE VAUDREUIL.

Et pourquoi?

DASSONVILLIERS.

Regardez la lettre qu'à l'instant même, elle m'envoie.

M. DE VAUDREUIL, lisant.

« L'infâme chanson que je vous avais signalée s'est vendue hier à plusieurs exemplaires... »

DASSONVILLIERS, se frottant les mains.

J'en suis pardieu ravi!

M. DE VAUDREUIL, continuant.

« Si l'édition entière n'est pas ce soir entre mes mains,
« j'aurai encore assez de pouvoir, croyez-moi, pour vous
« faire destituer dès demain et vous envoyer à la Bastille
« comme complice de cette odieuse trame. »

GABRIELLE.

O ciel !

DASSONVILLIERS.

Ne crains rien, chère amie, c'est elle que nous renverserons. Oui, monsieur le comte, je n'hésite plus !... j'entre résolument dans vos projets, il faut absolument que l'autre, la jolie concurrente, soit la maîtresse en titre.

M. DE VAUDREUIL.

Hein !...

GABRIELLE, à part.

O ciel !

DASSONVILLIERS.

Il le faut ! et dès demain !... dès ce soir !

GABRIELLE, se levant indignée.

Monsieur, que dites-vous là ?

DASSONVILLIERS.

Mon Dieu, ma chère amie, tout ceci nous regarde, monsieur le comte et moi... laissez-nous faire.

GABRIELLE.

Monsieur !...

DASSONVILLIERS.

Je vous dis qu'il le faut !

M. DE VAUDREUIL.

Permettez...

DASSONVILLIERS.

Vous hésitez!... bien! très-bien! j'agirai seul. C'est aujourd'hui le jour de mon travail avec le roi. Je vais lui porter les lettres de la marquise, cette dernière surtout. Je lui dirai comment nous désirons tous le changement de favorite... moi, surtout! Qu'il peut compter sur moi... sur mon dévouement.

M. DE VAUDREUIL, s'animant.

Vous ne direz pas cela!

DASSONVILLIERS.

Et pourquoi?

M. DE VAUDREUIL.

Parce que le roi serait capable de vous prendre au mot.

DASSONVILLIERS.

Je l'espère bien ainsi... et je vole de ce pas...

GABRIELLE, à M. de Vaudreuil.

Monsieur, retenez-le!...

M. DE VAUDREUIL, l'arrêtant.

Par la mordieu, vous ne sortirez pas!

DASSONVILLIERS.

Monsieur!... de quel droit?...

M. DE VAUDREUIL.

Vous qui croyez tout savoir, monsieur, savez-vous que cette femme, digne des respects du monde entier, venait, lorsque vous l'avez surprise chez madame Grégoire, de repousser les hommages du roi pour rester fidèle à sa propre gloire?

DASSONVILLIERS.

Je me moque de sa gloire!

GABRIELLE.

Un dernier mot, monsieur; cette femme a un mari.

DASSONVILLIERS.

Je me moque du mari!

M. DE VAUDREUIL.

Et ce mari, c'est vous!

DASSONVILLIERS.

Eh!... ma femme!... et moi qui ignorais... qui ne me doutais pas... hein... Quel est ce bruit... et que signifient ces compliments de félicitations en un pareil moment?

SCÈNE XI.

Les mêmes; Mme GRÉGOIRE accourant, BOURGEOIS et BOURGEOISES, GASTON, LUCETTE, BOULE-DE-NEIGE, LA RENAUDIÈRE.

Mme GRÉGOIRE.

Monsieur... monsieur!...

DASSONVILLIERS.

Quel est ce bruit? Qu'est-ce que cela signifie?

Mme GRÉGOIRE.

Quoi, vous ne le savez pas?

DASSONVILLIERS, avec impatience.

Eh! non.

Mme GRÉGOIRE.

Vous qui savez tout!... Les habitants du quartier viennent vous féliciter sur votre nouveau titre de baron.

LE CHŒUR.

Gloire à monsieur le baron !
Grâce à lui, dans la grande ville
Chacun peut dormir tranquille ;
Seul, il vaut un escadron.
Gloire à monsieur le baron !
Toujours ferme
Comme un terme,
Jamais son œil ne se ferme ;
Il voit tout, il sait tout,
Et surtout
Devine tout !

(Tout le monde le salue et le félicite.)

GASTON, s'avançant près de lui.

Et moi, mon oncle, mon bon oncle, je viens vous faire mes adieux, car, j'entre ce matin...

DASSONVILLIERS, brusquement.

C'est bon !... je sais... je sais.

Mme GRÉGOIRE, à demi-voix.

Eh non ! vous ne savez pas...

DASSONVILLIERS, de même.

Il entre au séminaire.

Mme GRÉGOIRE.

Il entre dans les dragons.

M. DE VAUDREUIL.

Par ordre du roi... qui lui accorde une compagnie.

DASSONVILLIERS, étonné.

Ah ! bah !

LUCETTE, s'avançant à son tour près de Dassonvilliers.

Et moi, mon oncle, mon bon oncle...

DASSONVILLIERS, avec humeur.

C'est bien!... c'est bien!... je sais...

Mme GRÉGOIRE, de même, à demi-voix.

Eh! non, vous ne savez pas!

DASSONVILLIERS, à Lucette.

Tu n'aimes que le couvent...

GABRIELLE.

Elle n'aime que son cousin.

DASSONVILLIERS, étonné.

Ah! bah!

Mme GRÉGOIRE.

Et elle l'épouse... par ordre du roi.

DASSONVILLIERS, tout bouleversé.

Ah! çà, je ne sais donc plus rien aujourd'hui!... (Apercevant Boule-de-Neige qui paraît à la porte du fond.) Si, je sais que je suis perdu. Le nègre de madame de Pompadour qui vient chercher ce matin... le libelle, le pamphlet qu'elle exige... et où le trouver à cette heure?...

Mme GRÉGOIRE.

Chez vous... dans votre cave.

DASSONVILLIERS, poussant un cri.

Ah! ce fameux quartaut... (Avec majesté, à Boule-de-Neige.) Allez dire à celle qui vous envoie que, dans un quart d'heure, le secret d'État par elle attendu lui sera livré.

LA RENAUDIÈRE, avec admiration.

Quel homme!... (Avec humiliation.) Pour moi... monseigneur... cette grande dame tout à coup disparue... je n'ai pu la connaître.

7.

DASSONVILLIERS.

Imbécile!... (Regardant sa femme.) Je la connais, moi...

LA RENAUDIÈRE.

Il sait tout !

Mme GRÉGOIRE.

Quel génie !

M. DE VAUDREUIL.

Quel coup d'œil !

DASSONVILLIERS.

J'ai du moins celui de deviner mes vrais amis. (Lui tendant la main.) J'espère bien, monsieur le comte, que vous serez désormais le nôtre, celui de la maison.

Mme GRÉGOIRE, à part.

Décidément, il ne sait rien. (A Dassonvilliers.) Pour Zurich, qui a découvert et apporté ici ce ballot, il mérite récompense.

DASSONVILLIERS.

Je la lui donnerai.

Mme GRÉGOIRE.

Non, ce sera moi.
  C'est un bon mari,
 Il nous en a donné la preuve ;
  Je compte sur lui
 Pour cesser enfin d'être veuve !
  Chez nous, venez tous,
  Il n'est plus jaloux,
 Et son âme serait contente,
 Si d'amis une foule ardente
  Chaque soir venait
  Rire à son cabaret.

LE CHOEUR.

Et son âme serait contente,
Si d'amis une foule ardente
Chaque soir venait
Rire à son cabaret !

LA
BEAUTÉ DU DIABLE

OPÉRA-COMIQUE EN UN ACTE

En société avec M. Émile de Najac

MUSIQUE DE G. ALARY.

Théatre de l'Opéra-Comique. — 28 Mai 1861.

PERSONNAGES.   ACTEURS.

JEAN LENOIR, chef des mineurs du Hartz. . . . . MM. Troy.
MAX BALDEGG . . . . Warot.

LÉOPOLDINE, jeune orpheline. . . . . Mlles Bousquet.
FIDÈS, fille d'un aubergiste. . . . . Bélia.

Paysans et Paysannes.

Dans le château de Ronsberg, en Hanovre, au pied des montagnes du Hartz.

LA
BEAUTÉ DU DIABLE[*]

Une grande salle du château de Ronsberg. — Porte au fond. Au premier plan, portes latérales; à gauche, deuxième plan, une fenêtre; une table à droite du spectateur; ameublement gothique.

SCÈNE PREMIÈRE.

PAYSANS et PAYSANNES, puis FIDÈS.

(Les paysans se consultent en regardant des affiches de vente.)

INTRODUCTION.

LE CHŒUR.

Oui, ce château qu'on met en vente
Est le plus ancien du canton :

---

[*] *VARIANTE.* — Pour faciliter la représentation de cet ouvrage, on peut supprimer le chœur d'introduction et le remplacer par ce qui suit. La ballade trouverait sa place dans la scène II, comme il va être indiqué.

Il a plus de cent ans, dit-on.
D'accord, mais le prix m'épouvante,
Et j'aurais perdu la raison
Si j'achetais ce vieux donjon !

FIDÈS, entrant par le fond.

Le château de Ronsberg est si vieux et si triste
Qu'on ne peut l'acquérir que pour le mettre à bas.

LE CHŒUR.

Pourquoi ton père, l'aubergiste,
Le richard du pays, ne l'achète-t-il pas ?

SCÈNE PREMIÈRE.

FIDÈS, seule, près de la table et regardant une affiche.

Voilà une affiche qui est de taille et se verra de loin ! (Lisant.) « Vente du beau et antique château de Ronsberg. » (Parlé.) Antique, oui ; mais beau... c'est autre chose. A-t-on rien vu de plus laid et de plus triste ! (Apercevant Léopoldine.) Ah ! voici notre maîtresse, la propriétaire de ce domaine...

SCÈNE II.

LÉOPOLDINE.

..... C'était ici qu'avaient lieu toutes les apparitions ; pour évoquer le diable, il suffisait de descendre dans les caveaux.

FIDÈS.

Oui, mademoiselle.

BALLADE.

Dans les souterrains du château, etc.

(Après la ballade, Fidès reprend :) Et un pareil locataire, c'est comme un joueur de cor de chasse, ça déprécie furieusement une propriété.

FIDÈS.

Oui-da! d'un tel projet son âme est alarmée.
Mon père l'aubergiste est riche, mais peureux,
Et le château n'a pas trop bonne renommée.

LE CHŒUR.

C'est vrai!

FIDÈS.

De père en fils, on le dit en ces lieux.

(Parlé.)
Mais je n'y crois pas.

BALLADE.

Premier couplet.

Dans le souterrain du château,
Le jour, la nuit, presque à toute heure,
Un hôte terrible et nouveau,
Le diable, a fixé sa demeure;
Et chacun, dans l'effroi mortel
D'avoir Satan pour locataire,
N'ose être le propriétaire
De ce redoutable castel.
  Château magique
  Et diabolique,
Qui doit porter malheur
Au nouvel acquéreur!

LE CHŒUR.

Ah! je tremble de peur!
Malheur au nouvel acquéreur!

FIDÈS.

Deuxième couplet

Si vous osez vous arrêter
Dans ces lieux dont Satan est maître,
Si vous osez le consulter,
Soudain il va vous apparaître;

Et chacun, dans l'effroi mortel
D'avoir Satan pour locataire,
N'ose être le propriétaire
De ce redoutable castel.

LE CHOEUR.

Ce château, que l'on met en vente,
Est vainement, nous dira-t-on,
Le plus ancien de ce canton.
J'en éprouve trop d'épouvante,
Et j'aurais perdu la raison,
Si j'achetais ce vieux donjon.
Non, non !
N'achetons point ce vieux donjon !

(Les paysans sortent par le fond.)

FIDÈS, riant.

Ah! ah! ah!... Ils se sauvent comme si le diable était à leurs trousses ! (Apercevant Léopoldine qui entre par la droite.) Ah! voici notre maîtresse... la propriétaire de ce domaine.

SCÈNE II.

FIDÈS, LÉOPOLDINE.

LÉOPOLDINE.

Eh bien! Fidès, quelles nouvelles ?

FIDÈS.

Pas trop bonnes, mademoiselle Léopoldine ! Je doute fort que vous vendiez ce château.

LÉOPOLDINE.

Cependant mon père, qui en a été longtemps l'intendant, disait toujours à madame la baronne de Ronsberg, ma marraine, qu'elle le vendrait quand elle voudrait.

FIDÈS.

Possible... mais pas dans le pays, en tous cas.

LÉOPOLDINE.

Pourquoi ?

FIDÈS.

Parce que, dans les montagnes du Hartz, où nous habitons... ils ne sont pas bien forts... et ils prétendent que le château n'a pas bonne réputation. Ils en ont peur.

LÉOPOLDINE, riant.

Ah! oui, je m'en souviens! Dans mon enfance, on m'a raconté les légendes de la montagne... C'était ici qu'avaient lieu toutes les apparitions... Pour évoquer le diable, il suffisait de descendre dans les caveaux.

FIDÈS.

Où il habite encore, à ce qu'on prétend, et un pareil locataire... c'est comme les joueurs de cor de chasse : ça déprécie furieusement une propriété.

LÉOPOLDINE.

C'est absurde!

FIDÈS.

Oh! je n'y crois pas!... mais je suis peut-être la seule à dix lieues à la ronde... C'est tout naturel, mon père est maître de poste et aubergiste, et tous les voyageurs qui s'arrêtent chez nous pour visiter nos montagnes se moquent tellement du diable et de ses cornes, que j'ai fini par en rire... et il y a bien des choses comme cela... dès qu'on en rit, on n'y croit plus!... surtout les amoureux et leurs serments.

LÉOPOLDINE.

Ah! tu as des amoureux ?

FIDÈS.

Si ce n'était que cela... Je vais avoir un mari.

LÉOPOLDINE, vivement.

Tu vas te marier ?

FIDÈS.

Oui, mademoiselle... Et vous ?

LÉOPOLDINE, soupirant.

Moi... jamais... car je n'ai pas de fortune.

FIDÈS.

Eh bien !... et ce château où vous avez été élevée, et que vous a légué votre marraine ?

LÉOPOLDINE.

Ma pauvre Fidès, il tombe en ruine, il ne rapporte rien, et tu dis toi-même que je ne pourrai peut-être pas le vendre.

FIDÈS.

Mais à Dresde, où votre marraine vous emmena habiter avec elle, à la mort de votre défunt père, comment se fait-il ?... Car, enfin, vous êtes jolie.

LÉOPOLDINE, avec dépit.

Jolie !... Ah ! ce n'est rien dans les villes ! Ma marraine me conduisait partout dans le monde... tous les jeunes gens étaient empressés... galants; ils me trouvaient tous charmante... « Eh bien ! épousez-la, » leur disait ma marraine; et ils répondaient tous : « C'est vrai, elle est gentille, fraîche... bien faite; mais ce n'est que la beauté du diable. »

FIDÈS, riant.

La beauté du diable !

LÉOPOLDINE.

Appelée ainsi... parce que le diable, sans doute, celui

dont nous parlions tout à l'heure, la reprend aussitôt qu'il la donne.

FIDÈS.

Il est si malicieux!

LÉOPOLDINE.

Et cependant, Fidès, est-ce que tu me trouves changée... enlaidie?...

FIDÈS.

Mais non, mam'selle, vous êtes toujours un joli brin de fille.

LÉOPOLDINE.

C'est ce que je me dis. Voilà pourquoi j'enrage contre tous ces beaux messieurs de Dresde, pourquoi je suis revenue furieuse dans ce pays que j'aime, que je n'aurais jamais dû quitter, pourquoi, enfin, je veux vendre mon château.

FIDÈS.

Pour avoir une dot?

LÉOPOLDINE.

Non! car on ne songerait plus alors à m'épouser que pour mon argent, et mon amour-propre en souffrirait trop. Je suis décidée à rester fille et à finir mes jours dans un couvent.

FIDÈS.

Pour le faire enrager?

LÉOPOLDINE.

Qui?

FIDÈS.

Toujours le diable, mam'selle!... Et si vous ne le vendez pas, votre château?

LÉOPOLDINE, allant s'asseoir à la table.

Et qu'on ne veuille pas de moi au couvent sans dot?...

Eh bien !... (Souriant tristement.) je vivrai misérablement, dans ces vieux murs en ruine, en compagnie de Satan.

FIDÈS, prenant un tabouret et s'asseyant près d'elle.

Ce que c'est pourtant que de nous ! Vous êtes malheureuse, parce que vous êtes trop pauvre, et moi... parce que je suis trop riche.

LÉOPOLDINE.

Comment cela ?

FIDÈS.

Mon père, qui a beaucoup d'argent, veut, comme de raison, un gendre qui en ait encore plus !... et il m'a fiancée à Jean Lenoir.

LÉOPOLDINE.

Jean Lenoir ?

FIDÈS.

Le plus laid, le plus bourru, le plus brutal de tous les mineurs de la montagne... mais il entend son état !... Il ira loin... On dit même qu'il a découvert une importante mine de fer... et qu'il est en pourparlers avec le gouvernement pour la vendre... ça lui rapporterait gros ! Qu'importe ! tout cela ne vaut pas quelqu'un de jeune, d'aimable... de gentil.

LÉOPOLDINE, souriant.

Qui se nomme ?...

FIDÈS.

Je n'ai parlé de personne, mademoiselle.

LÉOPOLDINE.

Je croyais que tu avais fait le portrait d'un amoureux.

FIDÈS.

Eh ! mon Dieu, non !... car, enfin, un amoureux, ça doit parler, n'est-ce pas ?

LÉOPOLDINE, naïvement.

Je n'en sais rien !

FIDÈS.

Et celui-là ne dit pas un mot... pas une syllabe. (A demi voix.) C'est Max Baldegg.

LÉOPOLDINE.

Mon frère de lait !

FIDÈS.

Qui est garçon d'auberge chez mon père... Un joli garçon, n'est-ce pas ? si bon, si honnête... (Avec un soupir.) mais pas bavard ! et toujours à son ouvrage... A peine même s'il me regarde.

LÉOPOLDINE.

Comment alors crois-tu qu'il t'aime ?...

FIDÈS.

Je ne le crois pas... mais j'espère toujours que cela lu arrivera.

LÉOPOLDINE.

C'est donc toi alors... qui...

FIDÈS, vivement.

Eh ! mon Dieu, oui !

LÉOPOLDINE, se récriant.

Par exemple !

FIDÈS.

Ne me trahissez pas, mademoiselle, cela m'est échappé ; et le plus terrible, c'est qu'un jour qu'il ne me croyait pas là, il a dit : « Je n'aimerai et n'épouserai jamais quelqu'un qui sera plus riche que moi... » Et j'ai six mille florins de dot !

LÉOPOLDINE.

En vérité ?

FIDÈS, se levant.

Voilà le malheur! Quand je vous disais que c'était ma fortune qui me faisait du tort!... Elle éloigne de moi celui que j'aime... et attire celui que je n'aime pas... ce Jean Lenoir... Tenez, tenez... mademoiselle, regardez par cette fenêtre : cette masse qui ressemble à un ours de la montagne... c'est lui!...

LÉOPOLDINE, allant à la fenêtre.

Jean Lenoir?

FIDÈS.

En personne... Il est là immobile à contempler les murs de votre château... N'est-ce pas là un petit fiancé bien agréable ?

LÉOPOLDINE, qui a regardé par la fenêtre.

Eh! mais je le connais très-bien!

FIDÈS.

En vérité!

LÉOPOLDINE.

AIR.

D'un rocher escarpé je gravissais la cime,
Quand mon pied incertain sur la neige glissa,
Et, vouée à la mort, je roulais dans l'abîme,
Sans un ange sauveur que le ciel m'envoya...

  Celui dont la main intrépide
  M'avait arrachée au trépas,
  Plus que moi tremblant et timide,
  Me tenait pressée en ses bras...
  Pendant que le feu du courage,
  Malgré son modeste maintien,
  Brillait en son regard sauvage
  Qui s'abaissait devant le mien !

  Que mainte fillette,

Railleuse et coquette,
S'égaie en cachette
Sur cette laideur,
Moi, plus indulgente
Et reconnaissante,
J'estime et je vante
Mon libérateur!

Sa tournure grossière et franche
Lui donne un air original.

FIDÈS.

Il suffit, même le dimanche,
De le voir pour le trouver mal.

LÉOPOLDINE.

Mais, à l'entendre, il est très-bien.

FIDÈS.
Il est très-mal!

LÉOPOLDINE.

      Il est très-bien!
Chacun son avis.

FIDÈS.

      C'est le mien!

LÉOPOLDINE.

Que mainte fillette, etc.

SCÈNE III.

LÉOPOLDINE, FIDÈS, JEAN LENOIR, paraissant sur la ritournelle du morceau précédent. Il entre en rêvant, le chapeau rond et à larges bords sur la tête. Il a des cheveux noirs et une barbe très-touffue.

LÉOPOLDINE.

Tais-toi ! le voici !

FIDÈS.

Hein ! a-t-il l'air maussade et rêveur !... C'est son habitude !

JEAN, levant les yeux.

Ah ! c'est vous, Fidès ?

FIDÈS.

Oui, monsieur Jean... Vous étiez inquiet de moi ?...

JEAN.

Non.

FIDÈS.

C'est donc mon père qui me demande ?

JEAN.

Non.

FIDÈS.

Prenez donc garde, la maîtresse du château qui est là !...

JEAN, troublé et regardant Léopoldine.

Ah ! mademoiselle Léopoldine !...

LÉOPOLDINE.

Bonjour, monsieur Jean Lenoir !

FIDÈS, à demi-voix.

Otez donc votre chapeau!...

JEAN, de même.

Mon chapeau!...

FIDÈS.

Est-ce que vous ne la voyez pas?...

JEAN, ôtant son chapeau.

Au contraire... c'est que je l'avais aperçue... et alors le respect...

FIDÈS.

Fait que vous êtes impoli. (A Léopoldine.) Vous l'entendez?... Voilà comme il raisonne. (A Jean Lenoir.) Alors, vous venez m'offrir votre bras pour me reconduire?

JEAN.

Moi? Du tout!... je n'ai pas le temps d'être galant.

LÉOPOLDINE.

C'est un tort... un fiancé doit l'être.

FIDÈS.

Surtout quand il n'est pas beau!

JEAN, avec une colère concentrée.

Pas beau!... Ah! je ne suis pas beau!... Vous croyez peut-être me l'apprendre, à moi, à qui tout le monde le répète depuis mon enfance?...

LÉOPOLDINE, à part.

Pauvre garçon!...

JEAN.

Eh bien! oui... je suis désagréable et déplaisant, tant mieux! ça me convient... ça me va! Je m'aime ainsi... ça fait du moins quelqu'un à qui je plais.

FIDÈS.

Je ne dis pas que vous ayez tort de vous aimer; on ne peut pas disputer des goûts... Je vous demande seulement pourquoi vous en aimez d'autres !

JEAN.

Eh ! qui donc ?

FIDÈS.

Moi, monsieur...

JEAN, brusquement.

Je ne vous l'ai jamais dit.

FIDÈS.

C'est vrai... mais puisque vous m'épousez...

JEAN.

Ce n'est pas une raison... (Avec colère.) Si, je suis obligé de me marier le plus tôt possible... (Regardant Léopoldine.) pour des motifs...

FIDÈS, vivement.

Lesquels ?

JEAN, brusquement.

Que personne n'a besoin de savoir et qu'on ne saura jamais !... Enfin... il faut que je me marie. C'est tombé sur vous, tant pis !

FIDÈS.

Merci !

JEAN.

Ce n'est pas ma faute ! C'est votre père qui est venu me demander en mariage !

FIDÈS, se récriant.

Par exemple !

JEAN.

C'est comme ça; il vous le dira lui-même. Je me suis résigné, faites-en autant...

FIDÈS.

Est-il aimable pour un fiancé! (A Léopoldine.) Eh bien, mademoiselle, il est toujours ainsi, toujours la même humeur!

JEAN.

J'ai le caractère égal... c'est une qualité de plus.

FIDÈS, avec impatience.

Enfin, qu'est-ce qui vous amène... vous et vos qualités?

JEAN.

Je viens... pour une affaire... d'intérêt...

LÉOPOLDINE.

Vous, monsieur Jean?

JEAN.

Et comme c'est moi que ça regarde... j'ai trouvé inutile de m'adresser à des procureurs ou à des notaires, que ça ne regarde pas. Si j'ai eu tort, mettez que je n'ai rien dit... je m'en vas.

LÉOPOLDINE.

Eh! non, monsieur Jean! Voyons d'abord ce dont il s'agit.

JEAN.

Mademoiselle, vous voulez vendre ce château?

LÉOPOLDINE.

C'est vrai! Mais sur la mise à prix de vingt mille florins, il ne s'est pas présenté d'acquéreur.

JEAN.

J'en connais un qui donnera les vingt mille florins.

LÉOPOLDINE.

Eh! qui donc?...

JEAN.

Moi.

LÉOPOLDINE.

Vous, monsieur?

FIDÈS.

Vous êtes assez hardi pour cela?

JEAN, avec impatience.

Je n'ai pas de comptes à rendre.

LÉOPOLDINE.

C'est juste.

FIDÈS.

Et pourvu qu'on vous paie comptant pour votre dot..

JEAN, avec colère à Léopoldine.

Votre dot... à vous?... Si je le savais...

FIDÈS.

Qu'est-ce qui lui prend donc?

JEAN, de même.

Ça vous servirait de dot?

FIDÈS.

Eh! oui, pour entrer au couvent!

JEAN, de même.

Au couvent!...

FIDÈS

Qu'est-ce que vous avez à dire?

JEAN.

Rien. Ça n'est pas à un habitant de la montagne comme moi... à dire que c'est une bêtise.

LÉOPOLDINE, avec fierté.

Monsieur Jean!

JEAN.

Oh! pardon! pardon!

LÉOPOLDINE, de même.

Il suffit. Je vais donner ordre que l'on vous laisse visiter le château.

JEAN.

Du haut en bas?

LÉOPOLDINE.

Certainement.

JEAN.

Ainsi que les caveaux?

LÉOPOLDINE.

Pour un habitant du Hartz, vous êtes bien aventureux.

JEAN.

C'est mon affaire.

(Léopoldine va à la porte du fond, et fait signe à un paysan à qui elle donne des ordres.)

FIDÈS.

Vous ne croyez donc pas à Belzébuth et à ses apparitions?

JEAN.

Au contraire, j'y crois comme à l'Évangile.

FIDÈS.

Et vous n'avez pas peur?

JEAN.

De quoi?... Ils disent tous que j'ai eu le diable pour parrain.

FIDÈS.

C'est vrai. Et si vous alliez le voir!

JEAN, brusquement.

Tant mieux! ça me fera plaisir de rencontrer enfin quelqu'un de plus laid que moi...

LÉOPOLDINE.

Venez donc, monsieur Jean!

JEAN.

Je suis à vos ordres, mademoiselle!
(Léopoldine sort par la porte à gauche avec Jean.)

SCÈNE IV.

FIDÈS, seule.

Quel homme!... Et mon père veut que je l'épouse!... Ah! si j'avais eu le droit de choisir...

SCÈNE V.

FIDÈS, MAX, entrant par le fond.

FIDÈS, l'apercevant.

Ah! mon Dieu!... c'est vous, monsieur Max?...

MAX.

Oui, mademoiselle... Je me suis échappé de l'auberge... attendu que j'avais à parler à mademoiselle Léopoldine... parce que ma mère... qui a été autrefois sa nourrice... fait que nous sommes...

FIDÈS.

Frère et sœur de lait.

MAX.

C'est cela même.

FIDÈS.

Et qu'est-ce que vous aviez à lui dire? Ne peut-on le savoir?

MAX.

Ça n'en vaut pas la peine... c'est une affaire qui me concerne.

FIDÈS.

Raison de plus... monsieur Max... et si je peux me charger près d'elle... de ce que vous voulez?...

MAX.

C'est impossible.

FIDÈS.

Et pourquoi cela?

MAX.

Parce que je voulais l'embrasser.

FIDÈS.

Voilà une idée!

MAX.

Et lui faire mes adieux.

FIDÈS, très-émue.

Vous partez?... vous quittez la maison de mon père?

MAX, résolument.

Oui, mademoiselle; et si c'était un effet de votre bonté de dire à mademoiselle Léopoldine que je suis là... et que je désirerais bien...

FIDÈS.

J'y vais, monsieur Max, j'y vais! (A part.) Ah bien! par exemple!... qui aurait pu s'attendre?...

(Elle sort par la gauche.)

SCÈNE VI.

MAX, seul.

COUPLETS.

Premier couplet.

Ma Fidès se marie,
C'est pourquoi je m'en vas;
Je dois la fuir, elle ne m'aime pas!
Le pauvre Max ne fut rien dans sa vie,
Et j'ai bien peur qu'un jour elle m'oublie,
Et sans pleurer apprenne mon trépas.
Et cependant mon amour, c'est ma vie;
C'est en lui que j'ai mis mes rêves d'avenir...
Celle que j'aime à mon cœur est ravie!
Seul sur la terre, hélas! je n'ai plus qu'à mourir!

Deuxième couplet.

De lui parler un autre eut le secret!
Je n'ose pas lui dire que je l'aime...
Pourtant mon cœur se le dit à lui-même
Je ne sais pas comment cela se fait.
Et cependant mon amour, c'est ma vie;
C'est en lui que j'ai mis mes rêves d'avenir.
Celle que j'aime à mon cœur est ravie!
Seul sur la terre, hélas! je n'ai plus qu'à mourir!

SCÈNE VII.

MAX, FIDÈS.

FIDÈS, rentrant.

Mademoiselle Léopoldine est occupée en ce moment, elle vous prie de repasser.

MAX.

C'est bien, je reviendrai ce soir. Adieu!

FIDÈS, le rappelant.

Monsieur Max, pourrait-on savoir pourquoi vous quittez mon père ?

MAX.

Pourquoi... pourquoi ?... pour vous imiter... car j'ai oublié de vous faire mes compliments : votre père m'a dit que c'était demain votre mariage avec Jean Lenoir. Adieu !

FIDÈS.

Monsieur Max, vous avez des chagrins... je veux les savoir... car, avec vous, on ne sait jamais les choses; vous ne dites jamais rien à vos amis.

MAX.

Moi ?...

FIDÈS.

Oui... oui, vous êtes en dessous! Ça n'est pas bien! On a des chagrins... tout le monde en a... il n'y a pas que vous... mais, au moins, on les confie à ceux qu'on aime...

MAX, hésitant.

Vous croyez ?

FIDÈS, vivement.

Certainement.

MAX, tout troublé.

Eh bien ! alors, mademoiselle...

FIDÈS, l'encourageant.

Eh bien, donc ?...

DUO.

MAX.

N'avez-vous pas, dans le village,
Ce matin, dès le point du jour,
Entendu, comme un grand tapage,
Le son du fifre et du tambour ?

FIDÈS.

Eh! si, vraiment!

MAX.

C'était un régiment!
Plan, plan, plan, plan! marchant tambour battant,
Plan, plan, plan, plan! et rien qu'en le voyant,
Il m' vint soudain une idée...

FIDÈS.

Et laquelle?

MAX.

De partir avec eux, et de servir l'État!

FIDÈS, vivement.

Mais vous avez r'poussé ce projet?...

MAX.

Non, mam'selle!
C'est paraphé, je suis soldat!

FIDÈS.

Vous! et pourquoi?

MAX.

C'est une idée
Dont mon âme était possédée!

FIDÈS.

C'est donc un état qui vous plaît?

MAX.

Du tout!... mais c'est signé, c'est fait!

Ensemble.

MAX.

A la gloire qui m'appelle
Malgré moi je vais courir.

Adieu donc, mademoiselle,
Dès ce soir je dois partir!

FIDÈS.

Sort fatal! douleur mortelle!
Pourquoi donc, pourquoi partir?
L'amitié qui vous appelle
Veut en vain vous retenir!

S'en aller ainsi, c'est terrible,
Sans rien dir', sans rien écouter!...
Ne peut-on pas vous racheter?

MAX.

Me racheter!... C'est impossible!
Mille florins!... d'abord, je n' les vaux pas;
Et, d'ailleurs, qui voudrait me les donner?... personne.
C'en est fait! au sort je m'abandonne
Ainsi donc, n'arrêtez point mes pas!

Ensemble

FIDÈS.

Je ne saurais moi-même
Lui dire que je l'aime!
Pour lui j'ai beau trembler,
Il ne veut pas parler!
Non, je le vois, hélas!
Il ne parlera pas!

MAX.

O désespoir extrême!
En vain, hélas! je l'aime!
Quand il faut s'exiler,
A quoi sert de parler?
Non, par devoir, hélas!
Je ne parlerai pas!

FIDÈS, s'approchant de lui avec émotion.

Puisque vous partez, je vous prie,

Acceptez, pour vous protéger,
Cette chaîne à l'autel bénie,
Qui préserve de tout danger.
On me l'a dit, du moins!

(Lui présentant une chaîne d'acier qu'elle retire de son cou.)

MAX, avec joie.

Quoi! vraiment... cette chaîne!...

FIDÈS.

N'est que d'acier, et mince est sa valeur...

MAX.

De vous il suffit qu'elle vienne;
Je la garderai sur mon cœur
Toujours! toujours!

FIDÈS.

Que dit-il? Et pourquoi?

MAX.

Rien... rien... pardonnez-moi,
Je n'ai rien dit!...

Ensemble.

FIDÈS.

Je ne saurais moi-même
Lui dire que je l'aime!
Pour lui j'ai beau trembler,
Il ne veut pas parler.
Non, je le vois, hélas!
Il ne parlera pas!

MAX.

O désespoir extrême!
C'est en vain que je l'aime!
Quand on va s'exiler,
A quoi sert de parler?

Non, par devoir, hélas!
Je ne parlerai pas!
(Max s'enfuit et disparait en emportant la chaîne.)

SCÈNE VIII.

FIDÈS, seule.

(La nuit est venue peu à peu.)

A-t-on jamais vu une indiscrétion, une obstination pareilles? Mourir plutôt que de rien avouer! On avoue toujours... et on meurt après... ou plutôt on ne meurt pas... c'est plus simple! Comment rompre ce mariage?... Me sacrifier... tout dire à mon père... pour quelqu'un qui ne dit rien... et qui peut-être ne m'aime pas! (Vivement.) Oh! si... je le crois bien... mais on préférerait en être sûre! (Regardant vers la gauche.) Qui vient là?... Jean Lenoir!... Il faudra causer et peut-être m'en aller avec lui, ça ne serait pas drôle! Laissons-le passer!

(Elle entre dans l'appartement à droite, dont elle laisse la porte entr'ouverte.)

SCÈNE IX.

FIDÈS, cachée à droite, JEAN LENOIR, sortant de la porte à gauche et tenant une lampe qu'il va poser sur la table à droite, près de laquelle il s'assied.

JEAN.

C'est décidé, rien ne me réussit.

FIDÈS, à part.

Eh bien, il reste!... il s'asseoit!...

JEAN.

Personne n'est venu!... personne n'est apparu!... Moi qui n'avais envie du château que pour cela! Et, cependant, ce petit livre rouge que j'ai acheté à la dernière foire du village, *le Grand Albert*, dit en toutes lettres : « C'est dans les montagnes du Hartz, dans le château de Ronsberg, que le plus volontiers Belzébuth aime à apparaître. »

FIDÈS, à part.

Qu'est-ce qu'il dit là?

JEAN.

Et moi qui ai tant besoin de le consulter!...

FIDÈS, à part.

Sur quoi donc?

DUO.

JEAN.

Dans les sombres caveaux de ce manoir antique,
Seul, je suis descendu, répétant, mot pour mot,
    La formule cabalistique
Dans le livre indiquée, et m'écriant tout haut :
Belzébuth, Belphégor, Astaroth, Sataniel,
A ma voix paraissez!

FIDÈS, sort du cabinet à droite, passe doucement derrière le grand fauteuil où est assis Jean, souffle la lampe qui est sur la table et crie, en grossissant sa voix.

Me voici!

JEAN, se levant vivement.

Juste ciel!

(Le théâtre est dans une obscurité complète.)

Ensemble.

JEAN.

Ma lumière est éteinte!

De surprise et de crainte,
Ah! mon âme est atteinte...
Allons!... allons! du cœur!
Oui, remettons-nous vite;
Mon parrain, que j'invite,
Vient me rendre visite,
Cachons-lui ma frayeur.

FIDÈS.

Profitons de la crainte
Dont son âme est atteinte!
Sachons, par cette feinte,
Le secret de son cœur.
Oui, Satan, qu'il invite,
Par moi lui rend visite;
Et pour la réussite
Comptons sur sa frayeur!

JEAN, hésitant.

C'est vous... mon parrain?

FIDÈS.

Moi!... que ta voix appelait.

Parle!

JEAN.

Depuis longtemps, je suis laid... et très-laid!

FIDÈS.

Je le sais!

JEAN.

C'est à vous que je le dois, sans doute?

FIDÈS, brusquement.

Après?

JEAN.

Eh bien! quoi qu'il m'en coûte,
Donnez-moi, mon parrain, un secret...

FIDÈS.

Un secret?

JEAN.

Pour qu'on me trouve beau !...

FIDÈS, à part.

L'idée est singulière !

JEAN.

Pour qu'aux femmes je puisse plaire.
Est-ce possible ?...

FIDÈS.

Je le croi...
A deux conditions...

JEAN, vivement.

Je m'abandonne à toi !

Ensemble.

JEAN.

Douce espérance !
Par sa puissance
Je vais, enfin,
Plaire soudain !
Pour mon visage
Quel avantage !
Être charmant
Et séduisant !
Ah ! par Satan !
Quel talisman !

FIDÈS.

Douce espérance !
A ma puissance
Il croit soudain,
Lui, si malin !
Allons ! courage !
J'ai l'avantage ;
Profitons-en !
Cherchons gaîment,

Pour monsieur Jean
Un talisman!

FIDÈS.

Il est un talisman, dont l'heureux privilège
Rend celui qui le porte aimable et séduisant :
Une chaîne enchantée!

JEAN.

Où donc la trouverai-je?

FIDÈS.

Le pauvre Max la possède!

JEAN.

Vraiment?

FIDÈS.

Sans se douter de sa vertu secrète.

JEAN, vivement et avec force.

Je l'aurai!... je l'aurai!

FIDÈS.

De son consentement?

JEAN.

A prix d'argent!

FIDÈS.

C'est bien; mais il faut qu'on l'achète
Au moins... mille florins!

JEAN.

Ça suffit!

FIDÈS.

Et comptant!

JEAN.

C'est dit... c'est dit!

Ensemble.

JEAN.

Douce espérance! etc.

FIDÈS.

Douce espérance! etc.

JEAN.

Ainsi, pour inspirer ardeur vive et soudaine,
Je n'aurai qu'à porter cette magique chaîne?...

FIDÈS.

De plus... il faut encor qu'un pareil talisman
Soit porté tous les jours sur du linge bien blanc,
Avec un menton frais, une barbe rasée...

JEAN.

C'est dit. Adieu!

FIDÈS.

Non pas!

JEAN.

Qu'est-ce encor, mon parrain?

FIDÈS.

Celle que pour compagne on t'avait proposée...

JEAN.

La petite Fidès, que j'épouse demain?...

FIDÈS.

Elle est jeune et gentille?...

JEAN.

On la trouve agréable!

FIDÈS.

Elle me plaît!

JEAN.

O ciel!... vous mon rival!

FIDÈS.

Va rompre avec son père aujourd'hui!

JEAN.

C'est faisable ;
Et j'y cours de ce pas, mon parrain!

FIDÈS, à part, avec dépit.

C'est très-mal!
Il eût dû résister plus longtemps!

(Souriant avec joie.)
C'est égal!

FIDÈS et JEAN.

L'ivresse me transporte!
A la fin je l'emporte!
L'enfer et son escorte
M'ont prêté leur secours!
Satan vient à mon aide;
A son pouvoir tout cède,
Et par lui je possède
L'objet de mes amours!

(Fidès disparaît par la droite, au moment où entre un paysan portant deux candélabres; il les place sur la table et sort par le fond.)

SCÈNE X.

JEAN, puis MAX.

JEAN.

Mon parrain... mon parrain... je voudrais vous demander encore... Il a disparu!... Ce sont ces flambeaux qui l'auront fait fuir!... Satan n'aime pas les lumières. (Se retournant.) Dieu! c'est Max!... Merci, mon parrain... merci... c'est vous qui me l'envoyez!...

MAX, qui est entré par la gauche en rêvant.

Cette excellente demoiselle... elle a été bien touchée de ce que je lui ai dit... elle a juré de faire pour moi tout ce qu'elle pourrait... Il est vrai qu'elle ne peut rien... C'est égal, c'est toujours ça... d'autant que pour se faire tuer on n'a besoin de personne !

JEAN.

Eh bien, il ne me voit pas !... (S'avançant.) Bonjour, monsieur Max !

MAX, levant la tête et à part.

Ah ! celui qui est cause que Fidès va s'appeler madame Jean Lenoir !... (Brusquement.) Bonsoir !

JEAN, voyant qu'il s'éloigne.

Eh bien ! où allez-vous ?... A votre auberge ?...

MAX.

Non... j'ai changé de patron... Je suis dans le militaire, et je pars ce soir avec mon colonel...

JEAN, à part.

Ah ! mon Dieu !... il n'y a pas de temps à perdre... Et cette chaîne qu'il porte à son cou... c'est bien cela...

MAX.

Qu'est-ce que vous avez donc à me regarder ainsi ?... Je n'aime pas ça... entendez-vous ?

JEAN.

Ce n'est pas vous que je regarde... mais votre tenue, qui n'est pas des plus soignées...

MAX.

Elle vaut bien la vôtre... avec votre chemise et votre figure noires...

JEAN.

Je suis un ouvrier... mais vous, un militaire... ça doit

tenir à briller... et si, pour vous aider à faire la campagne, un ami vous offrait... quelques poignées d'écus?...

MAX, avec ironie.

Un ami... et des écus?...

JEAN.

Ça va rarement de compagnie... mais, si vous ne voulez pas des deux, permis à vous de choisir!... Prenez le plus rare... les écus!

MAX.

Je vous remercie... je n'accepte pas quand je ne peux pas rendre.

JEAN.

Vous ne rendrez pas.

MAX.

Et moi, je tiens à m'acquitter.

JEAN.

Comme il vous plaira... Vous me donnerez en échange ce que vous voudrez... Cette chaîne, par exemple!...

MAX, vivement.

Cette chaîne!... Ah bien, oui!...

JEAN.

Une chaîne en acier, qui paraît valoir une dizaine de florins... mais si vous l'estimez davantage, je suis à vos ordres.

DUO.

JEAN.

Cent florins?

MAX.

Non!

JEAN.

Deux cents?

MAX.

       Non, non!

     JEAN.

Trois cents?

     MAX.

  Non! cent fois non!

     JEAN.

       Et pour quelle raison?

     MAX.

Je ne veux pas la dire!

     JEAN, à part.

    Aurait-il quelque doute
Sur la chaîne et sur sa vertu?
(Haut.)
Mais n'importe! je suis têtu;
 Et, vois-tu bien, quoi qu'il m'en coûte,
Bon gré, malgré, je l'aurai... je l'aurai!

     MAX.

Jamais!... jamais je n'y consentirai!

     JEAN.

Mille florins!

     MAX.

  Jamais! en vain vous me pressez!

     JEAN, avec colère.

Ah! ce n'est pas assez?... ah! ce n'est pas assez?

Ensemble.

     JEAN.

Morbleu! j'ai des écus!
Oui, j'en ai cent fois plus!
Et qu'à cela ne tienne,
En dépit du blanc-bec
Qui me tient en échec,

J'achèterai sa chaîne
Et lui!... lui-même avec!

MAX.

Je ris de vos écus ;
Ils seront superflus !
Votre insistance est vaine !
Je ne suis qu'un blanc-bec;
Mais, dussé-je être à sec,
Je garderai ma chaîne,
Et mon bonheur avec!

JEAN, à Max, tirant de sa poche un portefeuille.

Que ton esprit un instant se recueille ;
Regarde bien ce petit portefeuille :
Il contient six mille florins,
Que je vais remettre en tes mains,
Si tu veux consentir...

MAX.

Non, non !

JEAN.

Ah! c'est à perdre la raison !

Ensemble.

JEAN.

Mais, moi, j'ai des écus!
Oui, j'en ai cent fois plus! etc.

MAX.

Je ris de vos écus;
Ils seront superflus ! etc.

SCÈNE XI.

Les mêmes ; FIDÈS, entrant par le fond.

TRIO.

FIDÈS.

O ciel! quel bruit!

JEAN, avec colère.

Il faut que de mes mains
Je l'étrangle!—

FIDÈS.

Eh pourquoi?

JEAN, à Fidès.

Vous le croirez à peine!

MAX, à demi-voix à Jean.

Silence, au nom du ciel!

JEAN, avec colère.

Il a de cette chaîne,
Refusé six mille florins!

FIDÈS, stupéfaite.

Six mille!

JEAN.

Eh! oui, six mille! à l'instant!... ici même!

FIDÈS, s'approchant de Max.

Est-ce bien vrai, Max?

MAX, baissant les yeux.

Oui.

FIDÈS.

Quelle folie extrême!

MAX, avec douleur.

Vous le trouvez?...

FIDÈS, le regardant.

A moins qu'un tel présent
Ne vienne... de quelqu'un... qu'on aime.
Ce qui n'est pas.

MAX, à demi-voix.

Eh ! si, vraiment !

FIDÈS, à demi-voix, et rapidement, pendant que Jean a remonté le théâtre.

Alors, acceptez vite !

MAX.

O ciel ! que dites-vous ?

FIDÈS, de même.

Qu'on peut avec cet or devenir mon époux !

MAX, poussant un cri et courant après Jean.

Donnez... donnez... je change de système.

JEAN, vivement.

Vous acceptez ?...

MAX.

Oui, maître Jean.
(Lui donnant la chaîne.)
Ah ! l'heureux jour !

JEAN, lui donnant le portefeuille.

Ah ! l'heureux talisman !
Je ne serai plus laid !... Ah ! ma joie est extrême !
D'espérance et d'amour mon cœur est enflammé !
Je vais donc plaire, enfin ; et de celle que j'aime,
Ah ! je vais être aimé !...

FIDÈS, bas à Max.

Courez vous dégager !... Chez mon père, après ça,
Proposez-vous pour gendre en montrant cette somme.

MAX, montrant Jean.

Et lui ?...

FIDÈS.

Renonce à moi.

MAX, regardant Jean.

Dieu puissant... quel brave homme !
Qu'il me plaît à présent !

JEAN, regardant sa chaîne.

Ça commence déjà !

Ensemble.

MAX et FIDÈS.

Talisman précieux et rare,
O chaîne que je dois bénir,
Hélas ! de toi je me sépare
Quand ton pouvoir va nous unir !

JEAN.

Talisman précieux et rare,
Et qu'en mon cœur je dois bénir,
Grâce à toi la nature avare
A tous les yeux va m'embellir !

(Max sort en courant par le fond.)

SCÈNE XII.

FIDÈS, JEAN.

FIDÈS.

Voilà un pauvre garçon qui va vous bénir... et vous aimer...

JEAN.

Ça me fait plaisir... parce que c'est le premier...

FIDÈS.

Dame ! vous avez de si bons procédés...

JEAN.

J'ai peur que tout à l'heure, Fidès, vous ne disiez plus cela de moi...

FIDÈS.

Et pourquoi donc ?

JEAN.

C'est que je suis obligé de rendre à votre père sa parole.

FIDÈS.

Est-il possible !...

JEAN.

Il ne m'est plus permis de vous épouser.

FIDÈS.

En vérité !

JEAN.

Mais comme heureusement vous ne m'aimiez pas beaucoup... j'espère que cela ne vous fera pas grand' peine.

FIDÈS.

Peut-être !

JEAN.

Que dites-vous ?

FIDÈS.

Que, pour être franche, je ne vous ai jamais plus aimé qu'en ce moment.

JEAN.

O ciel !... vous qui me trouviez si laid !...

FIDÈS.

Ce matin encore!... mais pas à présent...

JEAN, avec joie.

Vous en êtes bien sûre!

FIDÈS.

Je ne sais pas d'où cela vient...

JEAN, à part regardant la chaîne.

Et moi, je le sais...

FIDÈS.

Mais, depuis quelques instants... je vous vois avec d'autres yeux... vous êtes le même, et pourtant vous me plaisez... je vous trouve aimable... je vous trouve beau... très-beau...

JEAN, inquiet.

Voudriez-vous m'épouser?

FIDÈS, vivement.

Je n'ai pas dit cela!

JEAN.

Ah! vous me rassurez! Je craignais que ma beauté ne me jouât ce tour-là.

FIDÈS, à part.

Elle en serait bien capable! La beauté du diable!

JEAN.

Eh! dame... s'il faut vous l'avouer... j'aime quelqu'un.

FIDÈS.

Vous?

JEAN.

A en perdre la tête... J'aurais donné tout ce que j'ai gagné, tout ce que je possède pour lui dire : « Je vous aime... »

Mais je ne pouvais pas, je n'osais pas; j'étais si laid!... Tandis que maintenant...

FIDÈS, à part.

O ciel!... (Avec crainte.) Est-ce quelqu'un qui demeure bien loin d'ici?...

JEAN.

Ici même...

FIDÈS.

Que dites-vous?

JEAN.

Une belle demoiselle.

FIDÈS.

Léopoldine?...

JEAN.

Précisément!

FIDÈS, regardant à gauche.

La voici! tout est perdu!

JEAN.

Non pas, vous allez voir!

FIDÈS.

Quoi! vous oseriez vous déclarer?

JEAN.

Rassurez-vous, je saurai plaire; j'en possède les talents et les moyens!

FIDÈS, à part.

Et n'avoir pu la prévenir!... C'est fait de moi!

SCÈNE XIII.

LÉOPOLDINE, JEAN, FIDÈS.

JEAN, s'adressant à Léopoldine.

COUPLETS.

Premier couplet.

Du premier jour où j'vous ai vue,
Lorsque dans un danger heureux
Par moi vous fûtes secourue,
Vous êtes là devant mes yeux.
Je vais être bien téméraire,
Mais un mot doit vous désarmer...
Il faut tant d'peine pour vous plaire,
Il n'en faut pas pour vous aimer.

LÉOPOLDINE, avec indignation.
M'aimer!... vous!...

JEAN.
Moi !

LÉOPOLDINE.
M'aimer!...

JEAN.

Deuxième couplet.

Malgré ce visage sévère,
Je lis au fond de votre cœur.
J'y vois bien que j'ai su vous plaire,
Alors pourquoi cette rigueur?
Avouez, ainsi que moi-même,
Le secret que vous renfermez,
Oui, tout me dit que je vous aime,
Et tout me dit que vous m'aimez !

(Il tombe à ses genoux.)

LÉOPOLDINE, avec fierté.

Sortez !

FIDÈS, avec frayeur.

Ah ! grand Dieu !

LÉOPOLDINE.

Sortez !

JEAN, se frappant le front avec joie.

O ciel !...
(A part.)
A s'expliquer, la chose est bien aisée !

FIDÈS, s'approchant de lui.

Qu'avez-vous donc ?

JEAN, sans l'écouter et se rappelant les paroles qu'il avait entendues.

« Il faut qu'un pareil talisman
Soit porté tous les jours sur du linge bien blanc,
Avec un menton frais, une barbe rasée... »
Voilà, voilà ce que m'a dit Satan.

Ensemble.

LÉOPOLDINE.

Espérance nouvelle
En ses yeux étincelle !
C'en est trop, monsieur Jean !
Sortez ! sortez ! allez-vous-en !

JEAN.

La chose est naturelle,
Ma mémoire infidèle
Détruisait, par Satan,
L'effet du talisman.

FIDÈS.

Espérance nouvelle
En ses yeux étincelle !

Taisez-vous, croyez-m'en,
Et sortez, monsieur Jean !

(Jean sort vivement par la porte du fond.)

SCÈNE XIV.

LÉOPOLDINE, FIDÈS.

LÉOPOLDINE.

A-t-on jamais vu une audace pareille ! Il faut qu'il ait perdu la raison !

FIDÈS.

C'est la vérité !... Il l'a perdue par amour pour vous ! Voilà pourquoi il ne m'aimait pas... voilà pourquoi il refuse de m'épouser.

LÉOPOLDINE.

Et que m'importe à moi ?

FIDÈS.

Bien plus encore !... Il a fait par amour ce que personne ne ferait jamais... Pour vous plaire, pour vous paraître beau, ou plutôt moins laid... il s'est donné corps et âme à Satan... à Belzébuth...

LÉOPOLDINE.

Quelle folie !

FIDÈS.

Je vous l'atteste... Je l'ai entendu.

SCÈNE XV.

Les mêmes ; MAX, accourant.

MAX.

Mam'selle Fidès !... mam'selle Léopoldine !...

FIDÈS.

Quoi? qu'y a-t-il?

MAX.

Je ne suis plus soldat... l'engagement a été déchiré moyennant un billet de mille florins... que j'ai donné... bravement!

LÉOPOLDINE.

Toi!... et d'où te venait-il?

FIDÈS.

De Jean Lenoir.

MAX.

De là j'ai couru chez votre père... Je lui ai avoué... que je vous aimais... que j'étais aimé de vous, et je lui ai demandé votre main... de ma part et de la vôtre...

FIDÈS.

Eh bien?...

MAX.

Dieu!... quel bon père! Il a refusé d'abord; mais quand je lui ai eu montré les cinq mille florins que je possède!...

LÉOPOLDINE.

Toi!... cinq mille florins!... Qui te les a donnés?

FIDÈS.

Toujours Jean Lenoir!

MAX.

Il n'a ni refusé... ni accepté...

FIDÈS.

Et qu'a-t-il donc fait?

MAX.

Il a dit : « J'ai donné ma parole à Jean, qu'il me la rende. » Eh bien! mademoiselle, sa parole est rendue.

FIDÈS.

Déjà ?

MAX.

Oui. J'ai rencontré tout à l'heure Jean Lenoir ; je lui ai tout conté, et il a répondu : « Je vais trouver le père pour que ça s'arrange, et dans deux heures vous serez mariés. »

FIDÈS.

Dans deux heures !

MAX.

« A moins, a-t-il ajouté, que le diable ne s'en mêle... car tu as un rival plus redoutable que moi... Ça te regarde... »

LÉOPOLDINE.

Qu'est-ce que cela signifie ?

MAX.

Oui, qu'est-ce que cela veut dire ?

FIDÈS, à Léopoldine.

Que tout dépend de vous, mademoiselle.

LÉOPOLDINE.

De mo

MAX.

Comment cela ?

FIDÈS.

Ça ne te regarde pas.

(Elle parle bas à Léopoldine.)

LÉOPOLDINE.

Pas possible !

MAX.

Quoi ?

FIDÈS.

Rien !... Mais laisse-nous donc !...

FIDÈS, à Léopoldine.

Le pauvre homme se croit superbe, magnifique, le plus beau garçon du monde! C'est sa beauté du diable, à lui... Mais comme le diable c'est moi, je ne laisserai à Jean sa beauté que deux heures... le temps de faire notre mariage... mais, pour cela, il faut que vous m'aidiez en lui laissant croire...

LÉOPOLDINE, à demi-voix.

Y penses-tu? me prêter à une ruse pareille?...

FIDÈS.

Où est le mal?... S'il vous plaît pendant une heure, et qu'après il ne vous plaise plus... c'est une idée, un caprice... toutes les femmes en ont... souvent pour rien... et celui-là, vous l'aurez pour notre bonheur...

MAX, qui cherche à écouter.

Mais qu'est-ce que vous dites donc à mademoiselle?...

FIDÈS.

Ça ne te regarde pas!... (A Léopoldine.) Voyons, mademoiselle...

LÉOPOLDINE.

Certes, je ne demanderais pas mieux, pour vous obliger... pour vous rendre service à tous deux... mais c'est impossible!... D'abord, à la façon dont je l'ai traité, je ne crois pas que M. Jean revienne...

MAX, qui regardait par la porte du fond.

Le voilà! le voilà!

LÉOPOLDINE.

M. Jean?

MAX.

En grande tenue!...

FIDÈS, regardant aussi.

Et ça le change tellement, que, vraiment, il n'est pas mal... pas mal du tout!... Voyez plutôt, mademoiselle...

LÉOPOLDINE.

Il suffit...

FIDÈS.

Nous nous retirons!

(Elle prend le bras de Max, et tous les deux rencontrent Jean, qui est près de la porte du fond en beau linge bien blanc, barbe faite et les cheveux bien lisses.)

MAX, à Jean.

Merci, monsieur Jean! C'est entre nous désormais à la vie et à la mort, car je vous aime bien!

FIDÈS.

Et moi aussi, monsieur Jean, et de tout cœur!

(Tous les deux lui serrent la main et sortent.)

SCÈNE XVI.

LÉOPOLDINE, JEAN.

JEAN, regardant la chaîne.

Je comprends bien... ça fait effet sur eux... mais ce n'est pas là l'important!

LÉOPOLDINE, à part.

C'est, en vérité, fort embarrassant... Ce pauvre garçon qui m'aime... qui se croit aimé... et qu'il ne faut pas détromper!... J'ai eu tort de faire cette promesse! (Soupirant.) Heureusement que le voilà devenu timide et respectueux. (Haut.) Asseyez-vous donc, monsieur Jean!

JEAN, à part.

Quel changement! quel air gracieux!... O mon talisman que je te remercie!...

LÉOPOLDINE.

Ne venez-vous pas me parler à propos de l'acquisition de ce château?

JEAN, la regardant fixement.

Oui... oui... c'est pour cela!...

LÉOPOLDINE, à part.

Comme il me regarde! (Haut.) Eh bien! monsieur Jean, voyons... quelles sont vos conditions?

JEAN.

Savez-vous bien que votre château est très-laid?

LÉOPOLDINE.

Ah!

JEAN.

C'est pour cela qu'il me plaît... J'ai toujours eu de l'indulgence pour ce qui n'est pas beau! Outre cela, j'ai trois raisons...

LÉOPOLDINE.

Trois? C'est beaucoup!

JEAN.

Tout autant.

LÉOPOLDINE.

Lesquelles?

JEAN.

La première, je ne peux pas vous la dire; c'est une affaire de famille... entre moi et mon parrain!

LÉOPOLDINE.

Passons à la seconde.

JEAN.

Oh! pour ce qui est de la seconde, c'est bien différent! Je ne peux pas vous la dire non plus... parce que je ne sais pas comment m'y prendre.

LÉOPOLDINE.

Essayez toujours.

JEAN.

Eh bien!... je veux ce château parce que vous y êtes née, parce que vous y avez passé votre enfance, parce qu'enfin il est à vous!

LÉOPOLDINE.

Ah! (Après un instant de silence.) Et... votre troisième raison?...

JEAN.

Vous ne la devinez pas?

LÉOPOLDINE.

Voyons!

JEAN.

C'est que ce vieux château est habité, et, ce que je désire par-dessus tout, c'est le château et sa propriétaire.

LÉOPOLDINE.

On n'a jamais vu un pareil marché.

JEAN.

Marché qui n'est pas impossible, maintenant que je suis sûr de vous avoir plu...

LÉOPOLDINE.

Ah! vous en êtes sûr?...

JEAN.

Oh! je sais bien que ce n'est pas naturel : je vous plais un peu malgré vous, et c'est là le seul regret qui détruise ma joie... Mais qui sait si vous ne m'aimerez pas tout naturellement quand vous me connaîtrez mieux?...

LÉOPOLDINE, souriant.

Vous le croyez?

JEAN.

J'en suis sûr! Où trouverez-vous quelqu'un qui vous aime autant que moi? Je ne suis qu'un pauvre montagnard, un paysan, et vous une demoiselle de la ville, bien élevée, bien élégante... Mais à quoi vous ont servi, jusqu'à présent... votre élégance... et votre éducation?

LÉOPOLDINE, d'un air sérieux.

Permettez...

JEAN, brusquement.

Entre gens qui s'aiment, il faut se dire la vérité; eh bien! à Dresde, parmi tous ces beaux messieurs qui vous trouvaient charmante, en est-il un seulement qui demanda votre main?

LÉOPOLDINE.

C'est vrai...

JEAN.

Et pourquoi? parce que vous n'aviez pas de fortune à leur offrir.

LÉOPOLDINE.

C'est vrai.

JEAN.

Et, faute de quelques milliers de florins, ils laisseraient une belle jeune fille telle que vous finir ses jours dans un couvent, si je ne me trouvais pas là pour l'en empêcher.

LÉOPOLDINE.

Vous?...

JEAN.

Oui, moi qui vous aime et qui ne crains plus de vous le dire. Écoutez, mademoiselle, l'écorce est rude, j'en conviens; mais le cœur est bon... j'en réponds, et vous ferez de moi tout ce que vous voudrez... Je vous aime tant!... je me jetterais dans le feu pour vous... Ce ne sont pas vos beaux messieurs qui s'y risqueraient... Ils vous dédaignent, eux, tandis qu'un brave garçon vous vénère... Eh bien! vengez-vous des uns... en faisant le bonheur de l'autre... vous ne vous en repentirez pas.

LÉOPOLDINE.

Je ne dis pas...

JEAN.

Eh bien, alors, épousez-moi!

LÉOPOLDINE.

Permettez...

JEAN.

Oh! vous consentirez, n'est-ce pas, mademoiselle Léopoldine? Et nous irons à l'église, bras dessus, bras dessous, et quand nous en reviendrons, je vous dirai : Ma femme, voulez-vous rester dans ce pays, dans nos montagnes? Vous y serez la première, vous y règnerez estimée et respectée de tous.

LÉOPOLDINE.

Monsieur Jean!

JEAN.

Préférez-vous briller à la ville?... ce qui ne me va guère; mais cela me conviendra si cela vous plaît. Jean Lenoir vous y conduira, vous donnera des gens, des équipages, des diamants, et si, me voyant près de vous, vos beaux messieurs demandent qui je suis, je leur répondrai : Un homme de rien, mais un homme heureux, car il a fait le bonheur de celle qu'il aime!

LÉOPOLDINE, avec émotion et lui prenant la main.

Monsieur Jean!...

SCÈNE XVII.

Les mêmes; FIDÈS et MAX.

FINALE.

JEAN.

Je vous vois émue... attendrie!
Sur moi vos regards sont si doux!
O vous de qui dépend ma vie,
J'attends mon arrêt à genoux!

LÉOPOLDINE, à Jean.

On vient... on vient... relevez-vous!

FIDÈS, bas à Léopoldine, voyant Jean qui se relève.

Ah! combien je vous remercie
D' nous rendre un service aussi grand!

JEAN, bas à Fidès et montrant Léopoldine.

Je ne déplais plus à présent!

FIDÈS, bas à Léopoldine.

Ah! combien je vous remercie!

JEAN, de même.

J'ai même son consentement!

FIDÈS, de même.

Ah! combien je vous remercie!

MAX, de l'autre côté de Léopoldine.

Mais continuez, je vous prie,
Car à l'église on nous attend!

JEAN, à Fidès.

Ah! que l'amour vous y conduise!
Mais si vous allez à l'église,
Nous nous y rendrons avec vous.
(S'adressant à Léolpodine.)
N'est-il pas vrai?

FIDÈS, bas à Léopoldine.

Grand Dieu! que ferez-vous?

MAX, de même, avec effroi.

Tout est perdu!... C'est fait de nous!...

JEAN.

Je vous vois émue... attendrie!
Sur moi vos regards sont si doux!
(Léopoldine baisse les yeux et lui tend la main.)

FIDÈS et MAX, étonnés.

O ciel!

JEAN, regardant Léopoldine avec amour.

A vous et non à la magie
Je veux devoir ce nom d'époux

(Il détache la chaîne de son cou et la jette loin de lui en regardant
toujours Léopoldine avec crainte; puis il s'écrie avec joie.)

Elle consent toujours! elle comble mes vœux!

FIDÈS, bas à Léopoldine.

Eh quoi! vous acceptez?...

LÉOPOLDINE.

Pour vous unir tous deux.

FIDÈS et MAX, la remerciant.

Ah! quel dévoûment généreux!

TOUS.

D'une chaîne chérie
Allons fermer les nœuds!
L'amour est la magie
Qui nous rend tous heureux!

LA FIANCÉE
DU
ROI DE GARBE

OPÉRA-COMIQUE EN TROIS ACTES ET SIX TABLEAUX

En société avec M. de Saint-Georges

MUSIQUE DE D.-F.-E. AUBER.

THÉATRE DE L'OPÉRA-COMIQUE. — 11 Janvier 1864.

| PERSONNAGES. | ACTEURS. |

BABOLIN Ier, roi de Garbe............... MM. PRILLEUX.
DON ALVAR, son neveu .... ACHARD.
TRUXILLO, son échanson............. SAINTE-FOY
LE SOUDAN D'ÉGYPTE............... DAVOUST.
KOULI-ROUKA, corsaire maltais......... BATTAILLE.
HATCHI-BOUSSAN, iman............. DUVERNOY.
ALI-CAPHAR, anachorète............. NATHAN.
UN OFFICIER..................... ANDRIEUX.
UN HUISSIER .... —
UN VALET...................... —
UN MAITRE D'HOTEL............... —

FIGARINA, barbière de Babolin Ier....... Mmes CICO.
ALACIEL, fille du soudan............. TUAL.
ZAIDA, confidente d'Alaciel........... DECROIX.
RAPHAEL, page de Babolin........... BELIA.
PAER, autre page................. COLAS.
UNE DAME D'ATOURS............. —

FEMMES ESCLAVES. — COUR DE BABOLIN Ier. — COUR DU SOUDAN D'ÉGYPTE. — CORSAIRES.

PAGES du roi de Garbe, *les élèves du Conservatoire* : Mlles Castello, Penotti, Ganst, Laporte, Cordet, Mauduit, Roze, Félix, Boucher, et Regnault.

Dans le royaume de Garbe, au premier tableau du premier acte; le palais du soudan d'Égypte, au deuxième tableau. — Dans une forêt, sous une tente, au premier tableau du deuxième acte; sur la côte de Barbarie, au deuxième tableau. — Sur la frontière du royaume de Garbe, au premier tableau du troisième acte; dans le palais du roi de Garbe, au deuxième tableau.

LA FIANCÉE
DU
ROI DE GARBE

ACTE PREMIER

Premier tableau.

Dans le royaume de Garbe. — Un salon dans le palais du roi.

SCÈNE PREMIÈRE.

BABOLIN, assis à gauche sur un divan, près d'une table, un livre à la main; TRUXILLO, à droite, ayant devant lui, sur un guéridon, plusieurs flacons de cristal.

BABOLIN, éternuant.

A boire!

TRUXILLO.

Quel vin, Sire?

BABOLIN.

Ça te regarde!... tu es mon échanson.

TRUXILLO.

Xérès?

BABOLIN.

Non.

TRUXILLO.

Alicante?

BABOLIN.

Non.

TRUXILLO.

Porto ou Beni-Carlo?... Lequel?... Sa Majesté ne répond pas... (Il verse de deux flacons différents dans deux verres qu'il place près du roi.) Voilà!

BABOLIN prend un verre nonchalamment, le regarde quelques instants, puis jette ce qu'il contient par-dessus son épaule.

Je n'ai plus soif!

TRUXILLO, à part.

Quelle prodigalité!... (Buvant le verre qui est resté.) Si on n'était pas là pour faire des économies!...

BABOLIN, jetant son livre.

Ma pipe!

TRUXILLO, la lui apportant.

La voilà, Sire.

BABOLIN, se mettant à fumer.

Quelles nouvelles? que dit-on?

TRUXILLO.

On dit que le roi de Garbe, Babolin Ier, est le plus grand roi de la Lusitanie.

BABOLIN.

Je le sais.

TRUXILLO.

Le plus spirituel.

BABOLIN.

Je le sais.

TRUXILLO.

Et le plus heureux.

BABOLIN, avec colère.

Ce n'est pas vrai!... Je m'ennuie... amuse-moi!... Vous autres courtisans, je vous paie pour cela, sur mon épargne, et depuis le matin jusqu'au soir, vous me volez mon argent.

TRUXILLO.

Ah! Sire!... pas moi!... on connaît ma probité!...

BABOLIN.

Alors, amuse-moi.

TRUXILLO.

Quel sujet prendre?

BABOLIN.

Le premier venu... le plus simple... le plus nul... Toi, si tu veux.

TRUXILLO.

Volontiers! c'est celui que je possède le mieux, et qui me plaît le plus.

BABOLIN.

En vérité?... (Haussant les épaules.) On ne peut disputer des goûts!... Va!

(Il se remet à fumer.)

TRUXILLO.

Sire!... Je suis amoureux comme un enragé!

BABOLIN.

Ah! bah! et de qui?

TRUXILLO.

De quelqu'un qui ne veut pas de moi!... Ça vous fait rire?...

BABOLIN, souriant.

Continue!

TRUXILLO.

Avant de continuer, oserai-je adresser une question à Votre Majesté?

BABOLIN, toujours fumant.

Ose!...

TRUXILLO.

Pourquoi, dans votre royale famille, la charge de barbier de la couronne est-elle exercée par une femme?

BABOLIN, se levant.

Je daignerai te le dire : Un de mes aïeux était tellement bavard, qu'il parlait toujours, même quand on lui faisait la barbe; de sorte que son règne...

TRUXILLO, gaiement.

Ne fut qu'une longue estafilade!

BABOLIN, sévèrement.

Assez!... (Continuant.) De plus, c'était son habitude, il faisait donner la bastonnade à tous ceux qui avaient le malheur de le couper; aussi, l'on ne trouvait plus de barbier dans le royaume, et la barbe royale courait risque de rester en friche...

TRUXILLO.

Je comprends!...

BABOLIN.

Assez!... (Continuant.) Lorsque se présenta une jeune fille, à la main tellement sûre et légère que l'acier voltigeant comme un zéphyr sur le menton royal, Sa Majesté pouvait continuer sa conversation et prononcer même des discours entiers!... service éminent que le roi reconnut par des lettres de noblesse.

TRUXILLO.

De noblesse!

BABOLIN.

Assez!... (Continuant.) D'autres même prétendent que comme elle était jeune et jolie, il finit par l'épouser... de la main gauche!... celle dont elle ne rasait pas... Mais, qu'elle ait été, ou non, reine de Garbe, le fait est que depuis cet événement le barbier de la couronne a toujours été une barbière... usage que j'ai maintenu, par respect pour la coutume... et puis, parce que cela m'est agréable.

TRUXILLO.

Je le crois bien!... Figarina, la barbière actuelle, est si charmante!

BABOLIN.

N'est-ce pas?...

TRUXILLO.

Si piquante!

BABOLIN.

N'est-ce pas?

TRUXILLO.

Si agaçante!

BABOLIN.

N'est-ce pas?

TRUXILLO, renchérissant.

Et coquette!

BABOLIN, de même.

Et sévère!

TRUXILLO.

Et farouche!...

BABOLIN.

N'est-ce pas?

TRUXILLO.

Impossible de lui prendre la main!

BABOLIN.

Ou de lui baiser le bout des doigts!

TRUXILLO, avec inquiétude.

Votre Majesté a donc essayé?

BABOLIN.

Par hasard!... les jours de barbe!...

TRUXILLO.

Eh! bien! Sire... voilà ce qui me désespère... Et c'en est fait de votre échanson, si par ordre exprès vous ne condamnez pas Figarina à m'aimer!

BABOLIN, avec ironie.

Elle?... Figarina?... Elle a refusé mieux que toi!... et son insolence a été telle... qu'elle a déterminé la résolution la plus importante... la plus grave... une résolution... que je ne te dirai pas!

TRUXILLO.

Le roi est le maître...

BABOLIN.

Si!... je te la dirai... Aussi bien, demain tout le monde la connaîtra.

TRUXILLO.

Ah! Sire... quelle confiance!

BABOLIN, fouillant dans sa poche.

Tiens... vois d'abord ce portrait...

TRUXILLO.

Un portrait?

BABOLIN.

Non... J'oublie que depuis trois jours... je l'ai perdu... sans savoir où ni comment!... Et c'est elle, peut-être, qui est capable...

TRUXILLO.

Comment cela?...

BABOLIN, écoutant.

Je l'entends... Pas un mot de ce que je t'ai confié!...

TRUXILLO.

Votre Majesté ne m'a rien dit...

BABOLIN, se remettant à fumer.

C'est égal!

SCÈNE II.

TRUXILLO, debout à gauche, BABOLIN, assis, FIGARINA, entrant, tenant sur son bras une serviette, une cuvette en or, et à la main une aiguière de même métal.

FIGARINA.

AIR.

Voici la barbière
Qui, joyeuse et fière,
Tient tout sous ses lois;

Car, sans périphrase,
C'est elle qui rase
Le plus grand des rois !

Du côté de la barbe, on le dit,
C'est une maxime en crédit,
Du côté de la barbe est la toute-puissance.
Mais grâce à ma science,
Cette puissance-là,
Tra! la! la! la! la! la! la! la!
Dans l'instant tombera !

Voici la barbière, etc.

Quelle noble vie!
Oui, chacun envie
Mon sort fortuné ;
Car sous ma main blanche
S'incline et se penche
Un front couronné !

Voici la barbière, etc.

BABOLIN, à Figarina.

Qui t'a appelée?... que viens-tu faire ?

FIGARINA.

Le devoir de ma charge... la barbe de Votre Majesté.

BABOLIN.

Tu n'es plus rien!... Je t'ai destituée!...

FIGARINA.

Soit !... Votre Majesté y perdra plus que moi !

BABOLIN.

Mais, aujourd'hui... pour la dernière fois... et par grâce péciale...

FIGARINA.

Je n'en demande pas... et je m'en vas...

(Fausse sortie.)

TRUXILLO, à part, avec admiration.

Quelle femme, Dieu! quelle femme!

BABOLIN, la rappelant.

Et moi, je t'ordonne de rester!... (Voyant qu'elle fait quelques pas pour sortir.) Reste, te dis-je!... (Avec fureur.) ou je me mets en colère!...

FIGARINA, avec sang-froid.

La barbe, Sire, est l'opération qui exige, de part et d'autre, le plus de sang-froid.

BABOLIN.

C'est bien!... commençons!...

FIGARINA.

Je ne commencerai pas que Votre Majesté ne soit calme.

BABOLIN, hors de lui.

Par la mordieu!...

FIGARINA.

Plus calme encore... songez-y donc, Sire, si j'allais, en répandant un sang si précieux, commettre un crime de lèse-majesté!

BABOLIN.

Ça m'est égal!

FIGARINA.

Ça ne me l'est pas, à moi!... Il y a peine de mort!...

BABOLIN, à Truxillo qui est resté immobile, et regardant Figarina.

Et toi... que fais-tu là?...

11

TRUXILLO.

Je la regardais!... Je la contemplais!...

BABOLIN.

Va-t'en !

TRUXILLO, toujours immobile.

Oui, Sire...

FIGARINA.

N'entends-tu pas le roi?... va-t'en!

TRUXILLO, la regardant avec amour.

Oui, la barbière!... (A part.) Elle a daigné m'adresser la parole!... Elle m'a dit : « Va-t'en!... » (Poussant un grand soupir en s'en allant.) Oh! la barbière!... la barbière!...

(Il sort.)

SCÈNE III.

BABOLIN, FIGARINA.

(Figarina dispose sur une petite table tout ce qu'il faut pour faire la barbe.)

BABOLIN.

Dépêchons!... Je suis pressé... j'ai des affaires...

FIGARINA.

Lesquelles?

BABOLIN.

Je te trouve bien hardie... tu ne sauras rien!

FIGARINA.

Alors je devinerai!

BABOLIN.

Je te le permets.

DUO.

FIGARINA, déployant une serviette qu'elle secoue, et puis qu'elle passe autour du cou de Babolin.

Souverain prudent et sage,
Vous rêvez un projet fou !
Qui se marie à votre âge
S'attache la corde au cou...
Oui, se met la corde au cou !

BABOLIN, essayant de rire.

Moi !... vouloir me marier !

FIGARINA, faisant mousser le savon.

N'espérez pas le nier !
(Savonnant le menton de Babolin.)
Que mon roi s'indigne
Contre ma rigueur ;
Qu'une autre plus digne
Obtienne son cœur ;
C'est de la sagesse...
(Prenant le rasoir.)
Mais à soixante ans,
Prendre une princesse
De quinze printemps...
C'est vouloir, peut-être,
Se faire attraper...
(Geste de colère de Babolin.)
Vous allez, mon maître,
Vous faire couper !

Ensemble.

BABOLIN, avec colère.

Prends garde, prends garde !
Ta langue bavarde
Trop loin se hasarde ;
Je suis furieux !

FIGARINA.

Prenez-y bien garde!
Cela nous regarde,
Car je suis bavarde
Et vous, furieux!

BABOLIN, la menaçant.

Contre cette fille,
Qui toujours babille,
Ah! la main me grille!
Tais-toi!... Je le veux!

FIGARINA.

Fille qui babille,
Barbon qui pétille
Et rasoir qui brille,
Sont très-dangereux!...

Ensemble.

BABOLIN.

Prends garde! prends garde! etc.

FIGARINA.

Prenez-y bien garde! etc.

BABOLIN, se levant, hors de lui et à moitié rasé.

Eh bien! oui!... Je prétends avoir une famille!

FIGARINA, le forçant à se rasseoir.

N'en avez-vous pas une, et qui vous coûte peu?
Le prince Alvar votre neveu...

BABOLIN, pendant que Figarina continue à le raser.

Aux amours je n'ai pas encore dit adieu!
Du grand soudan d'Égypte on m'a vanté la fille,
Et je l'ai demandée en mariage...

FIGARINA.

Vous?...

BABOLIN.

Et pourquoi pas?... Elle est vertueuse et charmante.

FIGARINA, froidement.

Je le répète... elle a quinze ans, et vous, soixante!

BABOLIN, avec colère.

Cinquante-neuf!...

FIGARINA.

Calmez votre couroux!...
De six mois, peut-être,
On peut se tromper!...

(Geste de colère de Babolin.)

Vous allez, mon maître,
Vous faire couper!...

Ensemble.

BABOLIN, la moitié de la barbe faite, du côté gauche.

Prends garde! prends garde! etc.

FIGARINA.

Prenez-y bien garde! etc.

BABOLIN, se rasseyant.

Il faudrait donc, par un arrêt sévère,
Se résignant à s'ennuyer,
Il faudrait donc, dans sa saison dernière,
Renoncer à se marier?

FIGARINA, continuant à le raser du côté droit.

Ce serait mieux!... mais si le mariage
Vous tient absolument au cœur,
Je ferais alors un choix sage...

BABOLIN.

Une vieille!... une laide!... et de fâcheuse humeur!...

FIGARINA.

Non, vraiment!... jeune encore et d'humeur agréable...

De la raison... du cœur... et d'un esprit aimable...
Et tenez... à peu près...

BABOLIN.

Comme toi?...

FIGARINA.

J'y pensais...
Mais je ne voudrais pas !

BABOLIN, hors de lui.

Un tel excès d'audace !...
Toi !... Figarina !... reine !...

FIGARINA, essuyant et serrant son rasoir.

Et pourquoi pas, de grâce ?
Vous pourriez rencontrer plus mal, pour les attraits,
Les vertus, et surtout la franchise !

BABOLIN.

Insolente !...

FIGARINA.

Oui, vraiment !... s'il faut qu'on vous le dise...

Ensemble.

FIGARINA, riant.

Vous y viendrez,
Vous le verrez !
Vous y viendrez,
Vous m'en prîrez !
C'est moi, c'est moi,
Mon noble roi,
Que vous prendrez
Et choisirez !...
Mon roi, lui-même,
Du diadème
Décorera
Figarina.
Oui, mon doux maître...

Figarina,
Et qui peut-être
Refusera!

BABOLIN.

Je l'ai juré!
Bon gré, malgré,
Vous vous tairez,
Vous finirez!
Sinon c'est moi,
Moi, votre roi,
Qui punirai,
Qui châtirai!...
T'offrir moi-même
Le diadème!...
De ce mot-là
Il te cuira!
Et ton doux maître,
Figarina,
Bientôt peut-être,
S'en vengera!

(Figarina place le fauteuil à gauche.)

UN OFFICIER, annonçant.

Le prince don Alvar!

FIGARINA.

Votre neveu, votre successeur... et, malgré cela, le sujet le plus dévoué de Votre Majesté!...

BABOLIN.

Je le sais...

SCÈNE IV.

LES MÊMES; DON ALVAR.

DON ALVAR, entrant vivement.

Ah! Sire... Ah! mon cher oncle!... qu'ai-je appris?... Quelle nouvelle imprévue!...

BABOLIN.

Une nouvelle ?...

DON ALVAR, continuant.

Un grand événement !... le bruit de la cour et de la ville.

BABOLIN, impatienté.

Enfin, que dit-on ?

DON ALVAR.

On dit que l'illustre Babolin, notre auguste souverain et mon oncle vénéré, va se marier... que son choix est déjà fait... Et la preuve, c'est que, comme votre héritier présomptif, chacun vient déjà me faire son compliment de condoléance.

FIGARINA, avec malice.

Le roi a tant de flatteurs !

BABOLIN.

C'est étonnant !... je ne l'ai dit à personne !...

DON ALVAR, gaîment.

C'est pour cela que tout le monde le sait... C'est toujours ainsi, à la cour... On ajoute, même, que la future reine de Garbe est charmante, divine !...

FIGARINA, rangeant les apprêts de la barbe.

Quinze ans !... l'hiver et le printemps... mariage impossible.

BABOLIN, à Figarina.

Te tairas-tu ?... (A don Alvar.) Et sans doute, mon beau neveu blâme aussi cette union ?...

DON ALVAR, avec chaleur.

Moi, mon oncle ? bien au contraire !... J'en suis enchanté, ravi, et vous ne pouviez me causer une plus grande joie !

FIGARINA, à part.

Que dit-il?...

BABOLIN, avec transport.

Ah! mon neveu!... mon fils... digne sang des Babolin!... En voilà un qui m'aime réellement!... Tu resteras garçon! mon enfant... mais rassure-toi... notre race illustre ne périra pas!...

FIGARINA, bas à Alvar.

Songez donc qu'il y va de vos droits!

DON ALVAR, de même.

Je n'y tiens pas.

FIGARINA, de même.

De vos droits à la couronne!...

DON ALVAR, avec indifférence.

Peu m'importe!

BABOLIN.

J'ai des projets sur toi, mon cher neveu... de brillants projets que tu sauras plus tard... mais, en ce moment, je suis très-inquiet, préoccupé.

DON ALVAR, avec inquiétude.

Est-ce que ce mariage peut manquer?

BABOLIN.

Cela dépend d'une réponse que j'attends... (Prenant le bras d'Alvar et le tirant à part.) Dis-moi, toi qui es l'homme le plus instruit de mon royaume, un grand savant, le chef du collège sacré des astrologues de ma cour!... toi qui lis ce qui se passe dans le ciel, comme je lis... non... mieux que je ne lis dans l'almanach.... n'as-tu pas aperçu là-haut... dans les nuages... quelque chose de bizarre?... un objet étrange... comme un gros point noir... qui planerait au-dessus de ma capitale?...

DON ALVAR.

J'avoue, Sire, que, depuis trois jours... je regarde autre chose que le mouvement des cieux...

FIGARINA, à don Alvar.

Je sais ce que c'est...

DON ALVAR, bas, à Figarina.

Silence!...

BABOLIN.

Qu'est-ce donc?

DON ALVAR.

C'est bien un astre, aussi!... Mais il est sur la terre...

BABOLIN.

Je ne comprends pas...

FIGARINA, à Babolin.

C'est inutile...

BABOLIN.

Moi... je ne m'intéresse, en ce moment, qu'à mon gros point noir... qui n'est autre chose qu'un de mes pages, que j'ai dépêché à mon illustre parrain... le plus grand enchanteur de la Lusitanie... le puissant Alicornificador. Je l'ai envoyé consulter sur mon prochain hyménée... Et il doit me retourner mon messager par la voie des airs, sur un hippogriffe ou quelque dragon ailé...

DON ALVAR, gaiement.

Et s'il tombe en route?

BABOLIN.

Ça ne sera qu'un page de moins... on passera à un autre... j'en ai tant... mais je conviens que ça sera fort désagréable pour moi!...

DON ALVAR, de même.

Et pour lui donc!

BABOLIN, à Figarina et à don Alvar.

Attendez-moi... tous deux... (Désignant une pièce donnant sur le salon.) J'entre ici, à côté... (A don Alvar.) dans ton observatoire, mon beau neveu... c'est de là que tu étudies le firmament, et que tu nous prédis, à coup sûr, le beau temps ou le mauvais.

DON ALVAR.

A coup sûr, mon oncle... Les astronomes ne se trompent jamais!... (Riant.) Il fait toujours l'un ou l'autre.

BABOLIN.

Je vais braquer vers le ciel la plus longue de tes lunettes d'approche, et tâcher de découvrir mon ambassadeur...

FIGARINA, gaiement.

Voilà une mission élevée!...

DON ALVAR, de même.

Et qui ferait tourner la tête à plus d'un diplomate!

BABOLIN.

Attendez-moi, je reviens!...

(Il entre dans l'observatoire.)

SCÈNE V.

DON ALVAR, FIGARINA.

DON ALVAR.

Enfin, nous voilà seuls!...

FIGARINA, désignant l'observatoire.

Pas tout à fait... la porte est ouverte... et le roi peut nous entendre...

DON ALVAR.

C'est vrai...

FIGARINA.

Ah! ça!... quelle singulière idée avez-vous donc, mon prince, de presser votre oncle de se marier?

DON ALVAR.

Ne le devines-tu pas?... S'il se marie, il me laissera libre d'en faire autant... plus d'union de convenance, de raison et d'État!... J'épouserai celle que j'adore; car je perds la tête, Figarina... je deviens fou!...

FIGARINA.

De quoi?... De ce portrait que vous avez trouvé dans les jardins du palais?

DON ALVAR, avec passion.

De l'image de cet ange inconnu!... de cette radieuse beauté... une fille du ciel! Figarina... car il n'y a pas de pareille femme sur la terre!...

FIGARINA, riant.

Bah!... tous les amoureux en disent autant... Et pourtant, s'ils n'aimaient que des filles du ciel... qu'est-ce que nous deviendrions, nous autres... ici-bas?...

DON ALVAR.

Toi seule as mon secret, Figarina... d'abord, parce que tu es bonne, compatissante... Et puis, tu sais ce que c'est, toi!...

FIGARINA, avec une fierté comique.

Comment l'entendez-vous, prince?...

DON ALVAR.

Parbleu!... avec des yeux comme ceux-là, tu ne me feras pas croire que tu n'aies jamais aimé...

FIGARINA.

Eh bien!... vrai... pas encore!... (Riant.) mais je ne demande pas mieux!...

DON ALVAR.

A la bonne heure!... tu es dans la question... tu me comprends... (Tirant un médaillon de son sein.) Tiens!... tiens!... regarde ce divin portrait...

ROMANCE.

Premier couplet.

Tout bas... tout bas... je puis te dire
La douce extase et le délire
Que ces traits, créés par l'amour,
Causent à mon cœur, nuit et jour!...
Mais si cette adorable image
Doit seule, ici, charmer mes yeux,
Si ce n'est qu'un brillant mirage
Ainsi qu'on en voit dans les cieux!...
Je le sens, mon âme fidèle,
Ici-bas, n'a plus qu'à languir...
Si je ne puis vivre pour elle,
Loin d'elle il me faudra mourir!

Deuxième couplet.

Tout bas... tout bas... comme l'on prie
L'ange gardien de notre vie,
Ah! que ne puis-je, avec ferveur,
A ce doux ange ouvrir mon cœur!
(Regardant le portrait.)
Ah! dis-moi, dis-moi le mystère
Qui couvre tes traits radieux!
Faut-il te chercher sur la terre?...
Ou bien t'aller rejoindre aux cieux?...
Hélas! si mon âme fidèle
Loin de toi, doit toujours souffrir...
Si je ne puis vivre pour elle,
Loin d'elle il me faudra mourir!

BABOLIN, reparaissant.

Mes amis, c'est lui, mon envoyé... Il descend de là-haut, sur un nuage...

SCÈNE VI.

BABOLIN, DON ALVAR, FIGARINA, un Officier du palais.

L'OFFICIER, à Babolin.

Sire... un messager de Votre Majesté demande à être introduit près d'elle...

BABOLIN.

Déjà?... comme ça va vite, un nuage!... quel beau moyen de transport!...

FIGARINA, gaiement.

Quand ça ne crève pas en chemin!...

DON ALVAR, au roi.

Faut-il attendre ici les ordres de Votre Majesté?

BABOLIN.

Non, mon beau neveu... non... Je désire être seul avec mon page... Éloignez-vous... (A Figarina.) toi, surtout... qui as une langue!...

DON ALVAR.

Ne vous en plaignez pas, Sire!... c'est la seule de toute la cour qui vous dise la vérité!

BABOLIN.

C'est bon!... Laissez-moi!...

FIGARINA, à part, à Babolin, riant.

Défiez-vous des conseils du grand Alicornificador... Un pareil nom de parrain porte malheur!

DON ALVAR, à part, à Figarina, tandis que Babolin va voir à la porte si son page arrive.

Ne l'empêche pas de se marier, au moins!... songe à ce que je t'ai dit!...

FIGARINA.

Mais vous ne pouvez cependant pas épouser un portrait!...

DON ALVAR.

Ce portrait a un modèle... Figarina!... et je le trouverai... dussé-je le chercher au bout du monde!...

(Ils sortent par la gauche.)

SCÈNE VII.

BABOLIN, LE PAGE RAPHAEL, entrant par le fond, introduit par L'OFFICIER DU PALAIS.

BABOLIN.

Enfin, je vais donc savoir ce que pense mon parrain touchant mes projets d'union. (Au page.) Approche... approche, mon enfant, et rends-moi compte de ton message.

RAPHAEL.

Sire, j'ai mis un mois à me rendre chez votre parrain... et j'en suis revenu en dix minutes.

BABOLIN.

Je sais... je sais... j'ai vu ton équipage... lui as-tu dit de t'attendre, au moins?...

RAPHAEL.

Non, Sire... le soleil l'a pompé, d'un trait...

BABOLIN.

Tant pis!... car je comptais te renvoyer immédiatement chez mon parrain... par la même voiture...

RAPHAEL.

Oh! non, Sire... une autre!... une moins humide, s'il vous plait!...

BABOLIN.

Allons!... parle... ne t'intimide pas en présence du plus grand roi de l'univers!... Tâche de ne pas être trop ébloui!...

RAPHAEL.

Oh! je ne m'éblouis pas si facilement, Sire!... quand on a voyagé dans la lune...

BABOLIN.

Tu as été dans la lune, mon enfant?...

RAPHAEL.

Oh! le bel astre, Sire, et comme on y vit heureux!

COUPLETS.

Premier couplet.

Ah! le charmant pays!
Ma foi, je vous le dis,
Le paradis
Des maris,
Des amants, c'est la lune!
Là-haut on peut choisir
A son gré, son loisir,
Et chérir
Ou la blonde ou la brune.

Dans ce royaume merveilleux,
On adore toutes les belles;
Tous les époux sont amoureux,
Toutes les femmes sont fidèles!..
Mais comme leurs flammes, enfin,
Ne pourraient pas être éternelles,
On s'épouse aux lunes nouvelles,
Et l'on se quitte à leur déclin!

Ah! le charmant pays! etc.

Deuxième couplet.

Les époux habitant le ciel
Trouvent leur chaîne aimable et douce ;
Ils ont une lune de miel,
Et n'ont jamais de lune rousse !
De l'hymen on est bientôt las
Chez nous, c'est la chance commune ;
Mais, s'il ne durait qu'une lune,
Que de bons maris ici-bas !...

Ah ! le charmant pays ! etc.

BABOLIN.

C'est bon !... c'est bon, mon enfant... Tu as vu mon parrain ? que t'a-t-il dit ?

RAPHAEL.

Rien, d'abord... attendu que, le jour de mon arrivée, il lui avait pris fantaisie de se métamorphoser en feu-follet... pour aller faire sa cour à une nouvelle mariée dont l'époux était en voyage...

BABOLIN, riant.

Très-gai !... très-gai !... C'est un gaillard, mon parrain !... Après ?

RAPHAEL.

Après... il a repris sa forme naturelle... qui n'est pas belle, assurément !... Et il m'a remis, pour vous, ce coffret et cette lettre...

BABOLIN, les prenant.

Mais donne donc, petit malheureux !... je grille d'impatience !...

RAPHAEL, regardant le pli.

Voilà un singulier cachet !... Des cornes de taureaux entrelacées !...

BABOLIN.

Ce sont les armes de mon parrain!... Voyons, lisons... (Ouvrant la lettre et lisant.) « Mon cher filleul, je reçois, par « ton gentil messager, l'annonce de ton prochain mariage, « j'en avais bien lu quelque chose dans mon grimoire, « mais j'attendais la confirmation de cette grave nouvelle, « qui m'épouvante pour toi... » (S'interrompant.) Diable!... ceci cesse d'être officiel, et ne regarde que moi... (Apercevant Raphaël qui examine le coffret.) Que fais-tu là?

RAPHAEL.

Je veille sur ce coffret que m'a bien recommandé l'enchanteur!...

BABOLIN.

Quelque trésor, sans doute... un présent de noce... (Au page.) Allons, je suis content de toi... Et pour te prouver ma satisfaction... je te donne... l'ordre de repartir, sans retard... à franc-étrier... pour les États de mon parrain.

RAPHAEL.

J'en arrive!...

BABOLIN.

Juste!... c'est pour lui dire que tu es arrivé à bon port, toi, sa lettre et son cadeau.

RAPHAEL, à part.

Au diable le voyage!... moi qui aurais voulu me reposer et voir cette belle barbière dont on parle tant, et qu mène, à ce qu'on prétend, notre roi, par le menton!...

BABOLIN.

Eh! bien! Tu n'es pas encore parti?

RAPHAEL.

Je pars, Sire... je pars... Ah! décidément je regrette mon

nuage!... il avait le trot moins dur que celui de mon cheval.
(Il sort vivement sur un nouveau geste de Babolin.)

SCÈNE VIII

BABOLIN, seul.

Continuons cette lecture émouvante! (Lisant.) « Mon filleul,
« dans le cours de ma longue carrière, je me suis marié
« treize fois... et, treize fois, malgré mon pouvoir magique,
« j'ai eu des malheurs... de ménage... » (S'interrompant.)
Mon pauvre parrain!... (Continuant.) « De parrain à filleul,
« cela se gagne... et, cause involontaire d'un désagrément
« que je ne puis empêcher, je veux, s'il arrive, te donner,
« au moins, les moyens certains de le connaître... ce qui est
« une consolation... » (S'interrompant.) Comment cela?...
(Continuant.) « L'écrin qui accompagne cette lettre renferme
« treize perles de Visapour, treize perles magiques d'une
« valeur inappréciable. Tu vas en juger... » (S'interrompant.)
Voyons! (Ouvrant l'écrin.) Oh! superbes! splendides! (Continuant.) « Lorsque celle qui portera ce collier accordera à un
« autre que toi la plus légère faveur, ou même si cette
« faveur lui est dérobée, à l'instant une perle disparaîtra
« de l'écrin, pour ne plus y revenir. » (Parlant tout en lisant
encore la lettre.) C'est admirable!... Lorsque celle qui portera ce collier accordera à un autre que moi... moi, Babolin, roi de Garbe, ou laissera prendre la plus légère
faveur, il y aura au collier une perle de moins! (Cessant de
lire.) De sorte qu'en examinant, chaque soir ou chaque
matin, la parure de la reine, je saurai, d'un coup d'œil, à
quoi m'en tenir... quel avantage sur tous mes sujets!...
quelle prérogative royale!... Et quel immense service me
rend là mon parrain!... (D'un air triomphant.) Ah! ah! quoi
qu'en dise Figarina, je puis maintenant me marier sans
crainte d'être trompé... et il me tarde que ce mariage soit
proclamé!

(Il frappe un coup sur un timbre.)

SCÈNE IX.

BABOLIN, DON ALVAR, FIGARINA, TRUXILLO et QUATRE
HÉRAUTS D'ARMES avec des trompettes.

QUATUOR.

BABOLIN, aux hérauts d'armes.

J'entends que l'on publie, en chaque carrefour,
Que Babolin premier, votre roi, se marie !...
Que la nouvelle reine, attendue à ma cour,
Du grand soudan d'Égypte est la fille chérie,
Et viendra dans un mois... Allez ! que pour ce jour
Mon peuple tienne prêts ses vœux et son amour !

(Sur un geste de Babolin, les hérauts d'armes sortent.)

Ensemble.

DON ALVAR, FIGARINA, TRUXILLO.

Sur son auguste mariage
Que le roi reçoive nos vœux !
Que sous un ciel exempt d'orage
Tous ses jours s'écoulent heureux !

BABOLIN.

Oui, cet auguste mariage
Va faire bien des envieux !
(Montrant l'écrin qu'il tient à la main.)
Mais du repos je tiens le gage !...
Je connaîtrai tout par mes yeux !

FIGARINA, au roi, écoutant les sons de trompe.

Au loin, déjà votre bonheur
A son de trompe se proclame !...

BABOLIN, à Alvar.

Toi, mon neveu, sois mon ambassadeur
Près du soudan d'Égypte !...

DON ALVAR, s'inclinant.

Ah! Sire!... un tel honneur!...

BABOLIN.

En notre nom épouse notre femme,
Et jusqu'en notre cour, amène-la!...

FIGARINA.

Ma foi!
C'est drôle!... et l'on pourrait en rire ici!...

BABOLIN, à Figarina.

Pas toi!
Tu partiras aussi!... Car à ta souveraine
Je t'attache!...

FIGARINA, riant.

Qui?... moi? barbière de la reine?

BABOLIN.

Non!... Sa dame d'honneur!

TRUXILLO, à part, avec douleur.

Elle part... quel émoi!
(Haut, s'adressant à Babolin.)
J'aime tant voyager!... S'il restait dans l'escorte,
Une charge?

BABOLIN.

Eh bien! sois porte-parasol...

TRUXILLO.

Moi!

BABOLIN.

De la nouvelle reine!...

TRUXILLO.

Un emploi de la sorte!

12.

FIGARINA, à demi-voix, à Truxillo.

Des feux trop ardents puisses-tu
Préserver à la fois son teint et sa vertu !...
(A part.)
O rêve d'hyménée !
O chaîne fortunée !
Qui prend femme est heureux !
Qui n'en prend pas fait mieux !
Notre roi se marie,
Telle est sa fantaisie ;
Il s'en repentira !
Mon avis, le voilà !...
Ah ! ah ! ah ! ah !

Ensemble.

DON ALVAR, à part, regardant le portrait qu'il tire de son sein.

O rêve d'hyménée !
O chaîne fortunée
Qui comblerait mes vœux !
Qui prend femme est heureux !
C'est là ma seule envie !
Mon oncle se marie,
Autant m'arrivera ;
Mon espoir, le voilà !

BABOLIN.

O rêve d'hyménée !
O chaîne fortunée !
Vous comblez tous mes vœux !
Qui prend femme est heureux !
Enfin, je me marie !
Telle est ma fantaisie !
Chacun l'approuvera,
Mon ordre, le voilà !

TRUXILLO.

O rêve d'hyménée !
O chaîne fortunée

Qui comblerait mes vœux!
Qui prend femme est heureux!
C'est là ma seule envie!..
(Regardant Babolin.)
Comme à lui, dans ma vie,
L'amour me sourira!
(Montrant Figarina.)
Mon espoir, le voilà!

BABOLIN, à don Alvar, lui donnant l'écrin de perles qu'il ouvre.

Offre à ma fiancée, en mon nom, cet écrin.

DON ALVAR, regardant.

Ah! c'est superbe!...

FIGARINA, de même.

Admirable!...

DON ALVAR, de même.

Divin!...

FIGARINA.

Ces perles, j'en conviens, sont vraiment des merveilles!

BABOLIN, souriant.

Je le crois bien! Jamais on n'en vit de pareilles!
Le cœur de la princesse en doit être ravi!

FIGARINA, à part, en regardant Babolin.

Peut-être du présent bien plus que du mari!

Ensemble.

FIGARINA.

O rêve d'hyménée!
O chaîne fortunée!
Qui prend femme est heureux!
Qui n'en prend pas fait mieux!
Que le roi se marie,
De cette fantaisie

Il se repentira :
Mon avis, le voilà !

BABOLIN.

O rêve d'hyménée! etc.

DON ALVAR, regardant le portrait.

O rêve d'hyménée! etc.

TRUXILLO, regardant Figarina.

O rêve d'hyménée! etc.

(Figarina et Truxillo remontent au fond. Babolin embrasse don Alvar qui s'apprête à sortir par la droite, Babolin et les autres s'arrêtent au fond.)

Deuxième tableau.

Le palais du soudan d'Égypte. — Les jardins du harem. — Grand portail au fond; vaste escalier conduisant à l'extérieur du palais.

SCÈNE PREMIÈRE.

ALACIEL, fille du soudan, assise sur des carreaux de soie, entourée de SES FEMMES; les unes jouent de différents instruments; les autres dansent devant Alaciel.

LE CHŒUR.

Chantons et dansons,
Et que nos sons
Et nos chansons
Disent : aimons!
Tout aime à son tour;
Pays d'amour,
Tes tendres feux
Sont dans nos yeux,
Et tous nos vœux
Appellent un cœur amoureux!

ALACIEL.

COUPLETS.

Premier couplet.

Dans les cieux l'hirondelle
Vole à travers l'azur;
Sur les eaux, la nacelle
 Fend le flot si pur;
Moi, je vis, jeune et belle,
Dans la captivité,
Pleurant ma liberté!

LE CHOEUR.

Chantons, dansons, etc.

ALACIEL.

Deuxième couplet.

La rose que balance
Le zéphyr amoureux
Et l'horizon immense
Ne charment plus mes yeux.
Mon cœur, sans espérance,
Pleure sa liberté
Dans la captivité!

LE CHOEUR.

Chantons, dansons, etc.

SCÈNE II.

Les mêmes; ZAIDA, accourant.

ALACIEL, à Zaïda.

Eh bien! ce mariage, et ce roi qu'on attend?

ZAÏDA.

De ce palais il approche, princesse,
Et vous allez le voir...

ALACIEL.

O mortelle tristesse !
Donner sa main sans son cœur...

ZAÏDA.

On prétend
Que votre époux est un roi tout-puissant !

ALACIEL.

Que m'importe !...

ZAÏDA.

Au harem cela se passe ainsi ;
On doit, les yeux fermés, accepter son mari !
(A la princesse, lui faisant signe d'écouter la marche du premier tableau,
qui se rapproche.)
Eh ! tenez, écoutez cette marche brillante
Dont les accords arrivent jusqu'à nous !

ALACIEL, regardant par la croisée.

Et cette suite étincelante...

ZAÏDA, de même.

C'est la suite de votre époux !

ALACIEL, quittant la croisée.

Je ne veux pas le voir !...

ZAÏDA, regardant.

Le voici qui s'avance
Au milieu de toute sa cour.
Il me semble fort bien !...

ALACIEL.

Tu crois ?...

ZAÏDA, continuant.

De l'élégance,
Un bon air... et des yeux...

ALACIEL.

Des yeux ?...

ZAÏDA, de même.

Faits pour l'amour !

ALACIEL.

Non, non !... Il suffit qu'on m'oblige
A l'épouser...

ZAÏDA, d'un ton de reproche.

Quand il vient tout exprès
Vous demander !...

ALACIEL, baissant son voile.

Je n'en veux pas, te dis-je !

ZAÏDA.

Mais il faut voir d'abord... on se décide après !

SCÈNE III.

ZAIDA, ALACIEL, LE SOUDAN, DON ALVAR, FIGARINA, TRUXILLO, portant le parasol royal. — SUITE de l'ambassade, DIGNITAIRES et SUJETS DU SOUDAN, FEMMES du harem, PRÊTRES.

(Le soudan va s'asseoir sur un trône à droite.)

FINALE.

LE CHŒUR.

Allah ! Allah !
Pour leur hymen que tout s'apprête !
Allah ! Allah !
Car tel est l'ordre du soudan !
Allah ! Allah !
Qu'ici sa volonté soit faite !...
Allah ! Allah !

Dieu l'a béni!... Dieu seul est grand!
Et Mahomet est son prophète!...

DON ALVAR.

AIR.

Du beau pays de nos Espagnes
Nous accourons, ô noble roi!
Le Nil arrose tes campagnes,
Partout l'or abonde chez toi.
Mais il est une autre merveille
Qui séduit le cœur et les yeux,
Beauté divine et sans pareille,
Ton trésor le plus précieux!
A nos regards surpris fais luire
Cet astre pur et radieux,
Dont l'éclat et le doux sourire
Font pâlir la clarté des cieux!

LE SOUDAN.

Prince puissant et glorieux,
Sois le bienvenu dans ces lieux!

ZAÏDA, bas à Alaciel, à gauche du théâtre, et pendant que tout se dispose pour la cérémonie du mariage.

Refusez-vous toujours cet affreux mariage
Auquel vous condamne un tyran?
Vous vous taisez... je vois qu'aux ordres du soudan
Vous direz : Oui!...

ALACIEL, regardant Alvar sous son voile.

Du harem c'est l'usage!

FIGARINA, à droite, bas à don Alvar.

Un voile épais, c'est très-fâcheux,
Nous cache votre auguste tante!

DON ALVAR, d'un air indifférent.

Peu m'importe!

FIGARINA.

C'est vrai!... Mais sa taille est charmante!
Voyez!...

DON ALVAR, froidement.

L'ambassadeur ne doit pas avoir d'yeux!

FIGARINA, riant.

Je l'oubliais!...

LE SOUDAN, à Alaciel.

Devant le soudan, votre père,
Devant le Dieu que le croyant révère,
Du puissant roi de Garbe on vous offre la main!
Ma fille, acceptez-vous?...

ALACIEL, hésitant un instant, puis poussée par Zaïda.

Oui!...

LE SOUDAN.

Qu'alors cet hymen
Dans les cieux comme ici
Soit à jamais béni!

LE CHOEUR.

(Pendant que le muphti les marie.)
Allah! Allah!
Ah! le beau jour! la belle fête!
Allah! Allah!
Ainsi l'ordonne le soudan!
Allah! Allah!
Qu'ici sa volonté soit faite!
Allah! Allah!
Dieu les bénit, Dieu seul est grand!
Et Mahomet est son prophète!
Allah! Allah!

DON ALVAR, s'adressant au soudan.

Le roi de Garbe, à son épouse auguste

(Montrant le collier que Figarina vient de lui remettre.)
Destine ce présent!... Puis-je l'offrir?...

LE SOUDAN, approuvant.

C'est juste!

DON ALVAR, se retournant vers Alaciel.

Que la noble princesse alors daigne à mes yeux
Soulever un instant ce voile...

(Don Alvar s'est approché d'Alaciel qui vient de s'avancer vers lui, et qui reste immobile. — Zaïda qui est derrière elle, retire lestement le voile de la princesse.)

DON ALVAR, regardant la princesse en poussant un cri.

Justes dieux!
Celle que j'aime! O coup affreux!...

Ensemble.

DON ALVAR.

O hasard imprévu!
Sort fatal!... qu'ai-je vu?
(Courant à Figarina.)
Ce portrait et ces traits
Qu'en secret j'adorais!...
Les voilà!... ce sont eux!...
A jamais malheureux!...
Je revois mes amours,
Et les perds pour toujours!

FIGARINA.

Qu'a-t-il donc! Qu'a-il vu?
Interdit... éperdu...
(L'écoutant.)
Quoi! ces traits, ce portrait
Qu'il aimait en secret,
Les voilà!... ce sont eux!...
A jamais malheureux!
Il revoit ses amours,
Et les perd pour toujours!

TRUXILLO.

Qu'a-t-il donc! qu'a-t-il vu?
Quel mystère imprévu!
(Regardant don Alvar.)
Quel étrange secret
L'a rendu stupéfait?...
Peu m'importe! en ces lieux,
Moi je suis trop heureux,
(Regardant Figarina.)
Si je reste toujours
Auprès de mes amours!

ALACIEL.

O bonheur imprévu!
Il paraît tout ému...
(Regardant don Alvar, à part.)
Ses regards de mes traits
Ont tout l'air satisfaits!...
Tout sourit à mes yeux,
Tout promet à mes vœux
Le bonheur, les beaux jours
Que donnent les amours!

ZAÏDA.

Il paraît très-ému,
Interdit... éperdu!
(A la princesse.)
Ses regards, de vos traits
Ont tout l'air satisfaits!...
Tout sourit à vos yeux,
Tout promet à vos vœux
Le bonheur, les beaux jours
Que donnent les amours!

LE SOUDAN et LE CHŒUR.

Des attraits qu'il a vus
Tous ses sens sont émus!...
L'ambassadeur paraît
Être très-satisfait!...

Il voit, d'après ses yeux,
Qu'à son roi glorieux
La beauté, les amours,
Promettent d'heureux jours!

DON ALVAR, cherchant à modérer son émotion et s'adressant à la princesse qui vient de se mettre à genoux devant lui, sur un coussin apporté par Zaïda.

Trésor de beauté, qu'à mes yeux,
Comme un ange venu des cieux,
Le paradis laisse apparaître!...
(Lui attachant le collier autour du cou.)
Recevez ce présent d'amour,
Qui vous est offert en ce jour
Par le roi de Garbe, mon maître!

ALACIEL, que Zaïda aide à se relever.

O ciel!

DON ALVAR, chancelant.

Qui m'envoya...

FIGARINA, à voix basse et cherchant à le rappeler à lui.

Perdez-vous la raison?...

DON ALVAR, se remettant et s'adressant à Alaciel.

Pour vous épouser en son nom!

Ensemble.

ALACIEL, à part.

L'ai-je bien entendu?
Sort fatal!... imprévu!...
Quoi! celui qu'en secret
Mon amour préférait,
Pour un autre, en ces lieux,
Vient former de tels nœuds!
O malheur de mes jours!
Oui, malheur pour toujours!

ZAÏDA.

L'ai-je bien entendu?

Sort fatal!... imprévu!...
Quoi! celui qu'en secret
Son amour préférait,
Pour un autre, en ces lieux,
Vient former de tels nœuds!
O malheur de ses jours!
Oui, malheur pour toujours!

LE SOUDAN et LE CHOEUR.

(Regardant don Alvar.)
Des attraits qu'il a vus,
Tous ses sens sont émus!...
L'ambassadeur paraît
Être très-satisfait!...
Il voit, d'après ses yeux,
Qu'à son roi glorieux,
La beauté, les amours
Promettent d'heureux jours!

DON ALVAR, hors de lui.
O hasard imprévu!...
Sort fatal!... qu'ai-je vu?
Ce portrait et ces traits
Qu'en secret j'adorais!...
Les voilà!... ce sont eux!...
A jamais malheureux,
Je revois mes amours,
Et les perds pour toujours!

FIGARINA.
Il demeure éperdu!...
Sort fatal!... imprévu!...
Quoi! ces traits... ce portrait
Qu'il aimait en secret,
Les voilà!... ce sont eux!...
Ah! qu'il est malheureux!
Il revoit ses amours,
Et les perd pour toujours!

TRUXILLO.
Qu'a-t-il donc? qu'a-t-il vu?

Quel mystère imprévu,
Quel étrange secret
L'a rendu stupéfait!...
(Regardant Figarina.)
Mais pour moi, trop heureux,
Quand je vois ses beaux yeux,
Quand je vois mes amours,
Je n'ai que de beaux jours!

LE SOUDAN, s'adressant à Alaciel.

Impatient du bonheur qu'il attend,
Le roi, votre mari, dont la tendresse est grande,
Par son ambassadeur demande
Que la reine aujourd'hui parte...

DON ALVAR.

Oui, parte à l'instant!

ALACIEL.

Ciel!...

FIGARINA.

Le voyage est long! au moins un mois de route!...

TRUXILLO, dont le parasol est toujours ouvert, s'adressant à la princesse.

Nous vous escorterons...

FIGARINA, montrant don Alvar.

Avec lui!...

ALACIEL, avec émotion.

Lui?...

FIGARINA.

Sans doute;
Monsieur l'ambassadeur au roi vous conduira!

DON ALVAR, étendant la main.

Et sur vous, je le jure, en tout temps veillera!

FIGARINA, à part.

L'intention est bonne!... Arrivera,

(A haute voix.)
Ma foi, ce qu'il pourra !
Allons, bravons les dangers et l'orage,
Et le désert et le fer du brigand !...
(A Alaciel.)
C'est l'amitié qui vous guide en voyage,
Et c'est l'hymen qui joyeux vous attend !

UNE PARTIE DU CHOEUR.

Allons ! bravons les dangers et l'orage,
Et le désert et le fer du brigand !...
C'est l'amitié qui nous guide en voyage,
Et c'est l'hymen qui joyeux vous attend.

L'AUTRE PARTIE DU CHOEUR.

Allons ! bravez les dangers et l'orage, etc.

LE SOUDAN.

Et nous prions le ciel que de tout accident
Il préserve la reine !...

FIGARINA, à part.

Et le roi qui l'attend !

UNE PARTIE DU CHOEUR.

Allons ! bravons les dangers et l'orage, etc.

L'AUTRE PARTIE DU CHOEUR.

Allons ! bravez les dangers de l'orage, etc.

(Le soudan adresse sa prière au prophète, pour l'heureux voyage de la reine. Les Musulmans se jettent à genoux. Alaciel s'approche du soudan, qui l'embrasse. Don Alvar, Alaciel, Figarina, Trujillo et leur escorte s'éloignent par la porte du fond.)

ACTE DEUXIÈME

Premier tableau.

Des serviteurs et des esclaves, faisant partie de l'escorte de don Alvar, achèvent de préparer une riche tente de voyage. Une lune brillante éclaire l'intérieur de la tente quand les portières en sont relevées.

SCÈNE PREMIÈRE.

ALACIEL, entrant accompagnée de FIGARINA et de TRUXILLO, toujours tenant son parasol ouvert.

TRUXILLO.

Entrez, entrez, princesse... voici la tente préparée pour vous recevoir !

ALACIEL, regardant de tous côtés.

Et le prince Alvar, notre jeune ambassadeur ?

FIGARINA.

Il donne des ordres à sa suite pour que Votre Altesse ne coure aucun danger pendant la halte de notre caravane au milieu de cette sombre forêt.

TRUXILLO, tremblant.

Et il fait bien. Le pays n'est pas sûr !

FIGARINA, à Truxillo.

Et toi, que fais-tu là, je te le demande, avec ton éternel parasol?

TRUXILLO.

C'est le devoir de ma charge, de préserver Son Altesse des rayons du soleil...

FIGARINA, riant.

Même pendant la nuit?...

TRUXILLO, fermant le parasol.

C'est vrai... je n'y pensais pas... j'étais distrait par le rugissement des tigres et des lions... (Écoutant.) Tenez, les entendez-vous?...

FIGARINA.

Tu rêves... l'on n'entend rien.

TRUXILLO, avec terreur.

C'est qu'ils rugissent tout bas!... et si ce n'était que ça, encore!... (Baissant la voix.) Mais aujourd'hui, l'on parle de brigands maltais qui infestent ces contrées!

ALACIEL.

Tu me fais frémir!...

TRUXILLO, de même.

Hier au soir, comme nous quittions le désert, n'avez-vous pas remarqué cette colonne de poussière qui s'élevait au loin derrière nous?... ça doit être quelque tribu de Bédouins!...

ALACIEL, avec effroi.

Ah! mon Dieu!...

FIGARINA, à Truxillo.

Te tairas-tu? Voilà la princesse près de s'évanouir!...

13.

TRUXILLO.

Ça me produit le même effet, à moi qui vous parle!

ALACIEL.

Depuis douze jours et douze nuits que nous sommes en route, à chaque instant de nouveaux dangers... et pour comble de malheurs, voilà notre caravane perdue dans ces bois épais.

TRUXILLO, à la princesse.

C'est tout simple... elle était dirigée par le prince Alvar qui, au lieu de faire attention à la route, avait constamment la tête tournée du côté du palanquin de Votre Altesse.

ALACIEL, avec émotion, à Truxillo.

Tu crois?...

FIGARINA, à Truxillo.

Il comptait sur toi, qui ne songeais qu'à ton parasol...

TRUXILLO, à Figarina, d'un ton de reproche.

Et à votre monture, belle Figarina! j'avais tellement peur des faux pas!

FIGARINA, riant.

De ma mule...

TRUXILLO.

De tous les faux pas possibles, charmante barbière!... ces chemins sont si dangereux... et vous êtes si belle!... Mais je suis amoureux et jaloux, je serai le gardien de votre honneur et de votre vertu... et si l'on se permettait la moindre privauté!...

FIGARINA, fièrement.

Qui l'oserait?

TRUXILLO.

Oh! pas moi d'abord... mais si un jour... (Poussant un gros soupir.) Ah! quel tendre époux je ferais, Figarina...

FIGARINA, riant.

Toi ! un échanson ?

TRUXILLO.

D'échanson à barbière, il n'y a que la main !...

FIGARINA, riant.

Allons, laisse là ta passion, tâche de savoir dans quelle forêt nous nous sommes égarés, et trouve, surtout, les moyens de nous en faire sortir...

TRUXILLO.

J'y cours, Figarina, j'y cours... dussé-je me trouver face à face avec quelque hôte terrible de ces bois !

FIGARINA.

Allons, sors... laisse-nous...

TRUXILLO.

Je m'en vais... Ah ! emporterai-je mon parasol ?

FIGARINA, riant.

Comme tu voudras...

TRUXILLO, sortant en ouvrant son parasol.

Au fait !... ça tient compagnie !... et puis, en cas de danger...

SCÈNE II.

ALACIEL, FIGARINA.

ALACIEL, à Figarina.

S'il disait vrai ?... si ces brigands allaient s'emparer de nous ?

FIGARINA, à la princesse.

Et, comme pour exciter davantage leur cupidité, vous

marchez toujours parée du magnifique collier, présent de votre époux!...

ALACIEL.

C'est vrai!...

FIGARINA.

Vous y tenez tant!...

ALACIEL, vivement.

Du tout!...

FIGARINA, avec curiosité.

Comment?

ALACIEL, le détachant de son cou.

C'est-à-dire beaucoup!... Remettons-le dans son écrin... et garde-le pendant tout le reste du voyage, bien caché... Comme cela, nous serons sûres que ces perles précieuses ne nous seront pas dérobées...

FIGARINA.

Mais je ne sais si je dois vous en priver! On prétend que ce collier a une vertu toute particulière pour celle qui le porte...

ALACIEL.

A son cou?

FIGARINA.

A son cou, ou sur elle... c'est la même chose... à ce que nous a dit S. M. le roi de Garbe, au moment du départ. (Prenant l'écrin qu'elle met dans sa poche.) Mais le vrai danger, le grand danger, n'est pas là!...

ALACIEL.

Où est-il donc?

FIGARINA, en confidence.

Dans ce pauvre prince... qui, depuis quinze jours, languit, dépérit et se meurt d'amour pour vous!...

ALACIEL.

Tu te trompes... d'abord, il ne m'en a jamais dit un mot.

FIGARINA.

Raison de plus! les amours dont on parle... on n'en meurt pas.

ALACIEL.

Allons, tais-toi... le jour va venir... à peine nous reste-t-il une demi-heure de nuit... ferme bien les rideaux de cette tente, et dormons.

FIGARINA, après avoir fermé les rideaux.

Ah! mon Dieu!... madame... j'ai grand'peur d'avoir de vilains rêves!...

ALACIEL.

Moi, je suis sûre d'en faire de charmants, car je penserai à quelqu'un.

FIGARINA, relevant la tête.

A qui?...

ALACIEL.

Cherche!

FIGARINA.

J'ai trouvé.

ALACIEL.

Bonsoir!

NOCTURNE.

Ensemble.

ALACIEL.

Allons!... allons!... dormons!...
Dormons, si nous pouvons!...
Nous que sur l'oreiller
L'amour vient éveiller!...

Princesse ou non, dormons!...
Dormons, si nous pouvons!...

FIGARINA.

Dormez, vous qu'environne
L'ennui de la grandeur;
Oubliez la couronne,
Et rêvez le bonheur!

(Elles s'endorment.)

SCÈNE III.

LES MÊMES; DON ALVAR, entr'ouvrant les rideaux à droite de la tente.

TRIO.

DON ALVAR, s'avançant doucement.

ROMANCE.

Premier couplet.

O reine des beautés!...
O toi qui fais ma peine!
Tremblant à tes côtés,
Où le devoir m'enchaine,
Sans espoir de retour,
Sans oser te le dire,
Près de toi je soupire,
Et je me meurs d'amour!

FIGARINA, soulevant la tête, et à part, en se levant.

Ah! quel dommage! ah! quel regret!
Qu'elle n'entende pas!...

ALACIEL, à Figarina.

Silence!...

FIGARINA, riant.

Elle entendait!...

(Les femmes se rapprochent.)

DON ALVAR.

Deuxième couplet.

Trop dangereux plaisir,
Il faut pour qu'on vous brave,
Le courage de fuir,
Ou celui d'être esclave!...

(Étendant les mains vers Alaciel.)

Que ma voix en ce jour,
Comme une faible brise,
Et murmure et te dise :

(Toujours decrescendo.)

Pour toi je meurs d'amour!...

FIGARINA, écoutant.

Il s'éloigne!...

ALACIEL, à demi-voix.

Laisse-le faire!...

DON ALVAR, près de partir, écoutant.

J'entends sa voix! ô doux mystère
Dont tout mon être a tressailli!

FIGARINA, de même.

Mais il n'est pas encor parti!

ALACIEL, de même.

Eh! qu'importe!...

DON ALVAR, faisant quelques pas.

Bonheur céleste!

Elle s'éveille!...

FIGARINA, bas à Alaciel.

Mais il reste!

ALACIEL, avec impatience.

Eh bien, alors!
Tais-toi!... tais-toi donc!... et dors!...

Ensemble.

FIGARINA, à part.

L'ombre des nuits
Rend tout permis!
Son voile épais
Couvre à jamais
Soupirs brûlants,
Tendres serments,
Qu'on peut ouïr
Sans en rougir!
Aveu divin!
Trouble soudain,
Secrète ardeur,
Dont bat son cœur!
Transports brûlants,
Qu'en tous nos sens,
Au loin, répand
L'air enivrant!

ALACIEL, à part.

Ombre des nuits,
Tu nous souris!
Ton voile épais
Couvre à jamais
Soupirs brûlants,
Tendres serments,
Qu'on peut ouïr
Et sans rougir!
Aveu divin!
Trouble soudain,
Secrète ardeur,
Dont bat son cœur!
Transports brûlants,
Qu'en tous nos sens,

Au loin, répand
L'air enivrant!

DON ALVAR.

Ombre des nuits,
Tu me souris!
Ton voile épais
Sert les projets
Du pauvre amant,
Qui, moins tremblant,
D'ardent désir
Se sent frémir!
Moment divin!
Trouble soudain,
Secrète ardeur
Dont bat mon cœur!
Transports brûlants,
Qu'en tous nos sens,
Au loin, répand
L'air enivrant!

FIGARINA, à demi-voix.

Il s'approche de moi, je crois...

ALACIEL, de même.
      Laisse-le faire!

FIGARINA, de même.

Il s'avance, et plus téméraire
Sa main a rencontré ma main!

ALACIEL, de même.

Tais-toi, tais-toi, dormons soudain!

Ensemble.

FIGARINA, à part.

L'ombre des nuits, etc.

ALACIEL, à part.

Ombre des nuits, etc.

DON ALVAR.

Ombre des nuits, etc.

(A la fin de cet ensemble, Truxillo entre par la portière du fond. En ce moment, la princesse est debout, Figarina est assise, et don Alvar, à ses genoux, vient de l'embrasser.)

SCÈNE IV.

Les mêmes; TRUXILLO.

TRUXILLO, désignant le prince qui vient d'embrasser Figarina.

Que vois-je? Comment, vous, mon prince?... un chargé d'affaires!... vous faites joliment les vôtres!...

DON ALVAR, avec impatience.

Qu'est-ce qui t'amène? que viens-tu faire ici?...

FIGARINA.

Qu'as-tu découvert? qu'as-tu vu?...

TRUXILLO, troublé.

Mais, d'abord... j'ai vu le prince qui... le prince que.

FIGARINA.

Ça ne compte pas... cela fait partie des accidents du voyage.

DON ALVAR.

Pourvu que ce voyage ne nous devienne pas fatal!...

ALACIEL.

Que voulez-vous dire?...

DON ALVAR.

Qu'un grand péril nous menace, et qu'il faut à tout prix nous éloigner de ces lieux.

TOUS.

Comment!

DON ALVAR.

En traversant ces déserts, et durant une de ces nuits étoilées où je veillais autour de la tente de la princesse, tout prêt à donner ma vie pour la protéger contre les dangers qui nous menacent, mes yeux tournés vers le ciel y découvrirent bientôt certains présages d'un phénomène prochain.

FIGARINA.

Comment, mon prince, vous avez lu ça là-haut?...

DON ALVAR.

Et ce phénomène, inconnu des habitants de ces contrées, doit se produire avant le coucher du soleil, et sera peut-être accompagné de terribles désastres!

TOUS, avec effroi.

Grand Dieu!

FIGARINA.

Raison de plus pour fuir au plus vite... (A Truxillo.) Allons, réponds!... nous as-tu trouvé un guide sûr pour nous remettre dans notre route?

TRUXILLO.

Certainement... un pauvre iman qui faisait la quête pour sa communauté.

DON ALVAR.

Nous aurons donc deux guides pour un!... car un vieil ermite est également venu m'offrir ses services, à ma caravane et à moi.

TRUXILLO.

Le mien donne envie de pleurer, tant il est maigre!... ça ne vit que de privations, ces gens-là!... (Regardant le prince en désignant le baiser.) et ce n'est pas lui qui se permettrait...

FIGARINA, à Truxillo.

Finissons-en, le temps nous presse...

DON ALVAR, à la cantonade.

Approchez, vénérable ermite.

SCÈNE V.

LES MÊMES; UN IMAN et UN ERMITE, entrant chacun d'un côté différent.

TRUXILLO.

Venez! venez, mon père!...

DON ALVAR, à l'ermite.

Une noble voyageuse et sa suite réclament vos bons offices et votre bénédiction...

L'ERMITE.

Volontiers, mon fils!

TRUXILLO, à l'iman.

Bénissez-nous aussi, respectable iman, ça ne peut pas nuire...

L'IMAN, les bénissant et tendant la main à don Alvar qui lui donne une pièce d'or.

Au contraire, mon enfant... ça profite toujours!

TRUXILLO, à Figarina.

Il me paraît très-vénal, le vieil iman!

FIGARINA, à l'iman.

Vous vous nommez?

L'IMAN.

Hatchi-Boussan... Je suis le frère quêteur de la mosquée

des grands imans, située dans cette contrée... je me mortifie sept fois par jour... et je ne mange qu'une fois par semaine.

TRUXILLO.

Ça se voit !

DON ALVAR, à l'ermite.

Et vous, mon père?...

L'ERMITE.

Je m'appelle Ali-Caphar... je suis anachorète, de père en fils... je vis d'aumônes et de ce que le ciel m'envoie.

DON ALVAR.

Eh! bien! mes révérends pères, il faut nous indiquer un chemin pour sortir de cette forêt...

ALACIEL.

Que l'on dit très-dangereuse !

HATCHI-BOUSSAN.

Elle est peuplée de brigands qui pillent les voyageurs !...

DON ALVAR.

Nous les combattrons...

ALI-CAPHAR.

De bêtes féroces qui les dévorent !...

DON ALVAR.

Nous les tuerons !...

HATCHI-BOUSSAN.

Le fameux corsaire Kouli-Rouka, dont le navire est à l'ancre, au port voisin, rôde, dit-on, dans les environs.

ALACIEL.

Qu'entends-je ?

ALI-CAPHAR.

Toutes les femmes qu'il rencontre, il s'en empare !

FIGARINA.

Pour lui ?...

ALI-CAPHAR.

Non, pour les vendre au roi de Maroc.

FIGARINA.

Ah ! le vilain homme !

ALI-CAPHAR, aux deux femmes.

Mais, en vous fiant à nous, ce n'est pas lui qui vous enlèvera !...

HATCHI-BOUSSAN, à part, à l'ermite.

Ça nous regarde !

ALI-CAPHAR, de même, très-rapidement.

Les marchands de Tunis, à qui nous livrerons ces femmes, n'arrivent qu'au jour levant !

HATCHI-BOUSSAN, de même.

Gagnons du temps !...

ALACIEL, à don Alvar.

Arrachez-nous de ces lieux, prince, je vous en supplie !...

DON ALVAR, avec passion.

Rassurez-vous, princesse..... je vous sauverai au péril de ma vie !... et, quelque prix d'ailleurs que mettent ces hommes vénérables à leur bon office !...

ALI-CAPHAR, faisant mine de se retirer.

Un seul de nous deux suffit pour vous conduire, mon frère...

TRUXILLO.

Du tout !... deux guides ne sont pas de trop !...

HATCHI-BOUSSAN.

Je réclame, alors, cent sequins pour le bon ermite...

ALI-CAPHAR.

Entre nous tout est commun!...

DON ALVAR.

C'est juste, autant pour vous... (Leur remettant une bourse.) Je donne cent sequins à chacun!

ALI-CAPHAR.

C'est trop, mon frère!

HATCHI-BOUSSAN, serrant la bourse.

Il nous suffit de votre reconnaissance.

ALI-CAPHAR.

Oh! oui!... (S'adressant à Truxillo.) et du baiser fraternel...

TRUXILLO, tendant la joue.

Bien volontiers, prenez!

ALACIEL, regardant Ali-Caphar allant à Truxillo.

Ah! c'est un bien saint homme!...

(Ali-Caphar embrasse Figarina.)

TRUXILLO, se retournant au bruit du baiser.

Hein!...

FIGARINA, à Hatchi-Boussan qui l'embrasse de l'autre côté.

Par exemple!... et vous aussi?

TRUXILLO.

Miséricorde!... et de deux!

FIGARINA, à Truxillo en riant.

Qu'est-ce que tu me disais donc que ces gens-là ne vivaient que de privations?...

TRUXILLO.

Apparemment que ça n'est pas jour de jeûne!...

DON ALVAR, arrêtant l'iman et l'ermite qui se dirigent vers la princesse pour l'embrasser.

Non! non! c'est assez comme cela!... vous êtes trop fraternels, mes révérends!...

SEPTUOR.

DON ALVAR, à Hatchi-Boussan.

Voyons! Expliquez-vous... Quel chemin faut-il prendre?

HATCHI-BOUSSAN, à Ali-Caphar.

Parlez d'abord.

ALI-CAPHAR.

Non, non, j'aime mieux vous entendre.

FIGARINA.

Parlez donc!... Mettez-vous d'accord!...

HATCHI-BOUSSAN.

Moi, par la droite j'irais...

ALI-CAPHAR.

A gauche, moi, je prendrais.

HATCHI-BOUSSAN.

Je gagnerais la montagne...

ALI-CAPHAR.

Je fuirais par la campagne...

HATCHI-BOUSSAN.

Je franchirais le désert...

ALI-CAPHAR.

Je descendrais vers la mer...

HATCHI-BOUSSAN.

Du côté de l'orient...

ALI-CAPHAR.

Du côté de l'occident.

HATCHI-BOUSSAN et ALI-CAPHAR, se saluant, les mains croisées sur la poitrine.

Après tout, mon révérend,
Votre avis est excellent!

DON ALVAR, avec colère.

Mais tout cela se contredit!

HATCHI-BOUSSAN et ALI-CAPHAR, se saluant.

Ce que dit mon frère est bien dit!

TOUS, aux deux imans.

Parlez! parlez! parlez soudain!
Indiquez-nous le bon chemin?

HATCHI-BOUSSAN, à Ali-Caphar.

A vous, frère, de choisir!...

ALI-CAPHAR, à Hatchi-Boussan.

Suivez votre bon plaisir!...

HATCHI-BOUSSAN.

J'ai fait vœu d'obéissance!...

ALI-CAPHAR.

J'ai fait vœu de patience!...

HATCHI-BOUSSAN.

Commandez, tout sera bien!...

ALI-CAPHAR.

Votre avis sera le mien!...

HATCHI-BOUSSAN.

Ordonnez, j'obéirai!...

ALI-CAPHAR.

Parlez! et je vous suivrai!...

HATCHI-BOUSSAN et ALI-CAPHAR, se saluant comme la première fois.

Après tout, mon révérend,
Votre avis est excellent!

TOUS, avec menaces.

Mais partons donc! partons soudain!...
N'importe quel soit le chemin!...

HATCHI-BOUSSAN et ALI-CAPHAR, se saluent de nouveau.

Ce que mon frère ordonnera,
Son humble frère le fera!...

FIGARINA, avec impatience, montrant les deux révérends.

Ah! c'est trop de politesse!
Dans ce danger le temps presse!...
De cette robe traîtresse
Je n'augure rien de bon!
Oui, s'il faut qu'on se hasarde,
Partons... que le ciel nous garde!
Car leur figure cafarde
A fait naître mon soupçon!

HATCHI-BOUSSAN et ALI-CAPHAR, à part, et montrant les deux femmes.

Francs lurons,
Vieux larrons!
Nous vendrons
Ces tendrons!...
Nous aurons,
Toucherons
Le prix que nous voudrons!

FIGARINA, ALVAR, TRUXILLO, ALACIEL.

Ah! c'est trop de politesse!

Dans ce danger le temps presse !
De cette robe traîtresse
Je n'augure rien de bon !
Oui, s'il faut qu'on se hasarde,
Partons, que le ciel nous garde !
Car leur figure cafarde
Fait naître plus d'un soupçon !

HATCHI-BOUSSAN et ALI-CAPHAR, à part, montrant les deux femmes.

Vieux larrons !
Francs lurons !
Nous vendrons
Ces tendrons !...
Nous aurons,
Toucherons
Le prix que nous voudrons !

(Au moment où la caravane va se mettre en route avec les deux révérends, tout à coup un homme, en costume maltais, paraît, entouré de quelques compagnons.)

SCÈNE VI.

LES MÊMES ; L'ÉTRANGER, accompagné de CORSAIRES.

L'ÉTRANGER, au prince et aux deux femmes.

Arrêtez !... car sans moi, vous étiez tous perdus
(Montrant les deux guides.)
Et par ces deux brigands livrés, pillés, vendus !

DON ALVAR, TRUXILLO, ALACIEL, FIGARINA.

Quel est donc ce sauveur ?

HATCHI-BOUSSAN et ALI-CAPHAR, à part, et montrant l'étranger.

Je frémis d'épouvante !

L'ÉTRANGER, indiquant les deux guides.

Ces obscurs pourvoyeurs de quelque vil marchand
Auraient mis, sans égard, ces deux beautés en vente !...

TRUXILLO, avec ferveur, levant les bras au ciel.

Ah! le ciel même nous défend!

DON ALVAR, à l'étranger.

Mais qui donc êtes-vous?...

L'ÉTRANGER, riant.

Je suis Kouli-Rouka.

TOUS, avec effroi.

Kouli-Rouka!...

HATCHI-BOUSSAN et ALI-CAPHAR, affirmant.

Kouli-Rouka!

TRUXILLO, avec désespoir.

Le terrible Kouli-Rouka!
(Montrant l'iman et l'ermite.)
Nous voilà retombés de Charybde en Scylla.

KOULI-ROUKA, à don Alvar, montrant les deux femmes.

Apprenez-moi d'abord laquelle est la princesse...

DON ALVAR, désignant Figarina.

La voici...

FIGARINA, stupéfaite.

Moi...

DON ALVAR, bas à Figarina.

Tais-toi... viens à notre secours,
Et ma vie et mon sang sont à toi pour toujours!...

KOULI-ROUKA, avec enthousiasme, à Figarina.

Ah! sang et mort!... la reine des amours
N'a pas plus de beauté!...
(Il l'attire à lui et veut l'embrasser.)

FIGARINA.

Pareille inconvenance!...

KOULI-ROUKA, à Figarina, riant.

C'est ma manière, à moi, de faire connaissance!

COUPLETS.

Premier couplet.

Ne craignez rien! (*Bis.*)
On prétend que je suis barbare;
Du moins, je ne suis pas avare!
L'or pour moi n'est pas le seul bien!
O doux attraits que je regarde,
C'est pour moi seul que je vous garde!
(A Figarina qui tressaille.)
Ne craignez rien!
Ne craignez rien!

Deuxième couplet.

Ne craignez rien! (*Bis.*)
Dans un monde injuste et sévère,
Volontiers on traite un corsaire
De sacripant ou de vaurien!...
Mais moi, ma reine, je sais vivre!
C'est d'amour seul que je m'enivre!...
(A Figarina en l'embrassant.)
Ne craignez rien!
Ne craignez rien!

DON ALVAR, à Kouli-Rouka, tirant son épée.

Malheureux! tu paîras chèrement ton audace!

KOULI-ROUKA, à ses gens, montrant don Alvar.

Désarmez celui-ci!...
(Indiquant Truxillo, Hatchi-Boussan et Ali-Caphar.)
Moines et voyageurs,
Jetez-les à la mer!... Que l'on m'en débarrasse!

DON ALVAR, saisi par les bandits.

Le scélérat!...

TRUXILLO, *de même.*

Ah! quel tissu d'horreurs!

FIGARINA, *aux genoux de Kouli-Rouka.*

Grâce pour eux!...

KOULI-ROUKA, *à Figarina.*

Grâce! Eh bien! sur ma foi,
Soit! j'y consens; cela dépend de toi!
(A ses gens.)
Qu'on suspende l'arrêt!...
(A Figarina.)
Rien qu'à ton premier vœu
Je cède; mais il faut...

FIGARINA.

Quoi donc?...

KOULI-ROUKA.

M'aimer un peu!

(A la princesse.)
Et quant à toi, caméristc gentille,
Tu serviras ma reine, et nous te trouverons
Pour époux quelque bon drille,
Parmi mes plus braves larrons!

Ensemble.

KOULI-ROUKA.

O sort prospère!
Tout à l'amour!
Voilà, j'espère,
Un heureux tour!
Pour ma tendresse
J'aurai, ma foi,
Noble princesse,
Morceau de roi!

ALACIEL.

Sort trop sévère!
Pour mon amour

Que dois-je faire?
O triste jour!
Pour ma tendresse,
Ici je voi
Douce promesse
Fuir loin de moi!

TRUXILLO, à part.

O sort contraire
Pour mon amour!
Maudit corsaire!
Quel vilain tour!
Scélératesse
Faite pour moi!
Pour ma tendresse
Je meurs d'effroi!

DON ALVAR, à part

Sort trop sévère!
Pour mon amour
Que puis-je faire?
O triste jour!
Pour ma tendresse
Ici je voi
Douce promesse
Fuir loin de moi!

FIGARINA, à part.

Maudit corsaire!
J'aurai mon tour!
Je ferai taire
Ton fol amour!
Fausse princesse,
Je peux, je croi,
Grâce à l'adresse,
Rire de toi!

ALI-CAPHAR et HATCHI-BOUSSAN, à part.

Maudit corsaire!
Quel damné tour!

La belle affaire
En un seul jour!...
Une princesse!
Voilà, ma foi!
Pour sa tendresse
Morceau de roi!

(Ali-Caphar et Hatchi-Boussan sont entraînés.)

DON ALVAR, à Kouli-Rouka.

Allons, parle, c'est de l'or qu'il te faut pour notre liberté... Nous t'en donnerons!...

KOULI-ROUKA.

Impossible!

DON ALVAR.

Pourquoi?

KOULI-ROUKA, riant.

Vous n'avez plus rien,.. j'ai tout pris!...

DON ALVAR.

Mais, misérable!... nous nous défendrons contre toi et tes infâmes bandits!...

KOULI-ROUKA.

Votre caravane est prisonnière comme vous, jeune étranger!... et mes gens sont en train de se griser avec les vôtres... Oh! je suis magnifique, moi!... je fais bien les choses!...

TRUXILLO, à part.

Avec nos vins et nos provisions!... ça ne lui coûte pas cher!...

FIGARINA.

Mais enfin, que voulez-vous faire de nous?...

KOULI-ROUKA.

De vous, ma belle ? la reine de mon cœur !... ma sultane favorite !

(Il va parler à ses gens.)

TRUXILLO, à part.

O honte !... un chef de pirates !...

FIGARINA, bas à don Alvar.

Mais pas du tout, seigneur don Alvar, mon dévouement ne va pas jusque-là !...

TRUXILLO, vivement.

Ni le mien non plus !...

DON ALVAR, bas et vivement à Figarina.

Ne crains rien... je te délivrerai de cet homme...

KOULI-ROUKA, à ses gens.

Vous m'avez entendu, vous autres !... Veillez sur les prisonniers... Vous m'en répondez sur vos têtes !... (A Truxillo.) Et toi, quel est ton état ?

TRUXILLO, avec fierté.

Échanson du roi !

KOULI-ROUKA.

Très-bien !.... tu seras le mien... et je te préviens que tu auras fort à faire !

TRUXILLO, à part.

Puissé-je te verser du poison !... flibustier !

KOULI-ROUKA, à ses gens.

Dans une heure le départ !... (A Figarina.) Viens, astre de mes jours ! perle de mes nuits ! je veux te présenter à mes sujets comme leur souveraine maîtresse !...

FIGARINA, à part.

Don Alvar a beau dire, je ne veux pas être princesse à ce prix-là !...

TRUXILLO.

Je ne vous quitte pas, Figarina, je veille sur vous !

(Ils sortent tous, excepté don Alvar et Alaciel ; des corsaires se montrent au fond.)

SCÈNE VII.

DON ALVAR, ALACIEL.

DUO.

ALACIEL, à don Alvar.

Ah ! sauvez-moi, je vous supplie,
Arrachez-nous à ce danger cruel !...

DON ALVAR.

Pour vous sauver je donnerais ma vie !...
N'est-ce pas mon devoir, adorable Alaciel !

ALACIEL, avec tristesse.

Votre devoir !... C'est vrai... Le devoir vous ordonne
De veiller sur mes jours... comme sur mon honneur !

DON ALVAR.

Le devoir !... à ce mot, mon âme s'abandonne
A ses regrets... à sa vive douleur !

ALACIEL.

Que dites-vous ?...

DON ALVAR.

Non ! laissez-moi me taire...

ALACIEL.

Ah! révélez-moi ce mystère!...
Lorsque le péril est si près,
Quand le même sort nous rassemble,
Et quand, hélas! on souffre ensemble,
L'un pour l'autre a-t-on des secrets?

DON ALVAR.

Vous l'exigez?... sachez ce que je vous cachais.

ROMANCE.

Premier couplet.

Nuit et jour mon cœur adorait
La beauté pour qui je soupire!...
Au hasard je dus son portrait...
A ses yeux je dois mon délire!...
En contemplant les traits si doux
De cette divine merveille,
Du ciel même j'étais jaloux,
Car au ciel seul est sa pareille!
Et cette beauté... c'était vous!
 C'était vous!
 Oui, princesse!... c'était vous!

ALACIEL, d'une voix émue.

Taisez-vous! taisez-vous!...
Taisez-vous!

Deuxième couplet.

DON ALVAR.

Mais, hélas! lorsque sur mon cœur
Je pressais son image chère,
Ce n'était, pour moi, du bonheur
Qu'une triste et douce chimère!
Cette belle aux regards si doux
 A mon cœur sera ravie!
Un autre doit être son époux!...

Quand le seul espoir de ma vie,
O princesse, c'était vous!...
C'était vous!
C'était vous!
Oui! princesse, c'était vous!

ALACIEL, d'une voix émue.

Taisez-vous! taisez-vous!
Taisez-vous!

DON ALVAR, avec passion.

De ma vive flamme
Non, non, je ne peux
Cacher dans mon âme
L'ardeur et les vœux!...
Pardonnez, princesse,
Mes tendres accents!...
Pardonnez l'ivresse
Qui trouble mes sens!

ALACIEL.

Mais songez donc à notre sort funeste!
L'esclavage ou la mort!... voilà notre avenir!

DON ALVAR.

Non! je braverai tout!... ici, je vous l'atteste,
A ces bandits je saurai vous ravir!...

Ensemble.

DON ALVAR.

De ma vive flamme,
Non, non, je ne peux
Cacher dans mon âme
L'ardeur et les vœux!
Pardonnez, princesse,
Mes tendres accents!...
Pardonnez l'ivresse
Qui trouble mes sens!...

LA FIANCÉE DU ROI DE GARBE

ALACIEL, à part.

De sa vive flamme,
Hélas! je ne peux
Bannir de mon âme
L'ardeur et les vœux!
Ah! de sa tendresse
Et de ses accents,
J'excuse l'ivresse
Qui trouble mes sens!...

(Sur la fin de l'ensemble, Alvar, emporté par sa passion, serre Alaciel sur son cœur, et, près de l'embrasser, il se détourne pour s'assurer qu'ils sont seuls; à ce moment, Figarina, qui est entrée suivie de Truxillo, s'avance vivement au milieu des amants, et reçoit le baiser destiné à Alaciel.)

SCÈNE VIII.

LES MÊMES; FIGARINA, TRUXILLO.

TRUXILLO.

O ciel!... encore un!

FIGARINA, indiquant le baiser.

Ah! celui-là s'est trompé d'adresse...

TRUXILLO, avec rage.

N'importe! il est arrivé!...

FIGARINA.

Il ne s'agit pas de pareils détails... le temps presse... écoutez-moi...

DON ALVAR et ALACIEL.

Parle!... parle!...

FIGARINA.

Ce damné corsaire m'a conduite au milieu de ses bandits!... Oh! les beaux bandits!... je n'en ai jamais vu de plus laids!... des Turcs, des Bédouins, des Arméniens... jaunes, rouges, noirs, de toutes les couleurs... et des figures, et des barbes!... Ce n'est pas moi qui raserais ces gens-là!... Bientôt une querelle s'est élevée entre le chef et ses compagnons... tous voulaient m'avoir pour femme!... Des menaces, ils en sont venus aux coups; pendant la mêlée, j'ai pu m'esquiver et accourir vers vous!

DON ALVAR, vivement.

L'occasion est favorable... profitons-en!...

FIGARINA, à Truxillo, lui montrant quelques pirates au fond.

Impossible, prince! ne voyez-vous pas comme on nous surveille?...

DON ALVAR.

Si nous pouvions, en l'absence de leur chef, corrompre ces misérables... les engager à nous livrer passage... à favoriser notre fuite!... Ah! tout ce que je possède...

FIGARINA.

Mais vous oubliez que vous ne possédez plus rien... que nous sommes dépouillés de tout...

DON ALVAR, avec désespoir.

C'est vrai!...

FIGARINA, frappée d'une idée.

Attendez!... j'y songe à présent... j'ai toujours sur moi le collier de la princesse... et au besoin... (Tirant l'écrin de sa poche, l'ouvrant, et poussant un cri.) Ah! mon Dieu!

TOUS.

Qu'avez-vous?

FIGARINA.

De treize perles... il n'en reste plus que huit!...

TRUXILLO.

Huit! où peuvent être passées les autres?...

DON ALVAR.

Quand on est au milieu de pareils brigands!...

FIGARINA.

Mais non! le collier n'a pas quitté son écrin... et l'écrin ne m'a pas quittée...

DON ALVAR.

C'est peut-être encore assez pour séduire nos gardiens.

FIGARINA.

Oui!... oui!... essayons!...
(Elle fait signe à un pirate qui s'approche.)

TRUXILLO.

Essayons aussi...
(Il fait signe à un autre pirate qui s'avance.)

FIGARINA, au pirate, bas et rapidement.

Consens à nous servir, et ta fortune est faite!...

TRUXILLO, de même à l'autre.

Sois à nous, et nous te couvrons de richesses!

FIGARINA, au premier pirate.

Parle! (Le pirate indique qu'il ne peut parler.) Il est muet!...

TRUXILLO, à l'autre pirate.

Réponds! m'entends-tu?... (Geste du pirate qui montre ses oreilles.) Il est sourd!...

DON ALVAR.

C'est avoir du malheur!

TRUXILLO.

S'ils étaient aveugles, au moins!...

FIGARINA, indiquant la forêt.

Silence... Écoutez... n'avez-vous pas entendu?...

DON ALVAR.

Si fait!... on approche de ce côté.....

TRUXILLO, regardant par un coin de la tente.

C'est le corsaire... Nous sommes perdus!... Mon saint patron, protégez-moi!...

DON ALVAR.

Qu'il ne se doute pas surtout de nos projets de fuite... (A Figarina.) Vite, prends cette guzla et chante. (A Alaciel.) Chantez, princesse... chantez toutes deux, pour détourner les soupçons!...

FIGARINA et ALACIEL.

DUETTO.

Va, brise chérie,
Dans notre patrie,
Dire notre exil
Aux ondes du Nil...
Au pays des roses,
Pour l'amour écloses,
Porte les accents
De nos cœurs absents!

(Des pirates attirés par le chant des deux captives s'approchent en silence et écoutent au fond.)

SCÈNE IX.

Les mêmes; KOULI-ROUKA, entrant à son tour dans la tente et les écoutant.

FIGARINA, seule.

Le son de la mandore
Là-bas résonne encore
Au caravansérail;
Et la danseuse émue,
Sur son épaule nue,
Fait bondir le corail!

ALACIEL, seule.

Du harem une almée,
A la fleur embaumée
Donne un baiser brûlant!...
Puis à l'onde confie
Son trésor et sa vie,
Pour l'amour qui l'attend!

ALACIEL et FIGARINA.

Va, brise chérie,
Dans notre patrie,
Dire notre exil
Aux ondes du Nil...
Au pays des roses,
Pour l'amour écloses,
Porte les accents
De nos cœurs absents...
Ah! ah! ah! ah! ah! ah!

KOULI-ROUKA.

Bravo! mes belles captives... J'aime la musique, moi...
Ça me divertit... et quelquefois ça m'endort.

FIGARINA, riant.

Eh bien! ne vous gênez pas...

KOULI-ROUKA.

C'est ça! Et pendant que je rêverais de tes attraits... mon joli rossignol prendrait sa volée loin de moi..

TRUXILLO.

Ah! corsaire, une pareille indélicatesse...

KOULI-ROUKA, riant.

Ça s'est vu... mais à quoi bon fuir?... J'ai d'autres idées... d'autres projets sur vous...

DON ALVAR.

Explique-toi?...

KOULI-ROUKA.

J'ai réfléchi que la plus belle fille de l'Asie ne valait pas une bonne rançon!...

TRUXILLO, à part, avec mépris.

Homme cupide, va!...

KOULI-ROUKA.

Et si le roi de Garbe tient à sa belle fiancée... s'il veut bien faire les choses...

DON ALVAR, vivement.

Demande ce que tu voudras!

FIGARINA, continuant.

De l'or!... des diamants!... la moitié du trésor royal!...

KOULI-ROUKA.

J'aimerais mieux le trésor tout entier!... mais je ne suis

pas aussi Arabe que j'en ai l'air... et contre vingt mille sequins d'or...

ALACIEL.

Ah!...

DON ALVAR.

Tu les auras !

KOULI-ROUKA.

Où cela ?

DON ALVAR.

A Garbe, où tu nous ramèneras.

KOULI-ROUKA.

Va donc pour vingt mille sequins d'or... marché conclu!... et je vais donner mes ordres pour votre départ.

DON ALVAR, à Alaciel.

O chère Alaciel!...

TRUXILLO, courant à Figarina.

Vous voilà libre, enfin... la barbière du roi... et la reine des barbières!...

KOULI-ROUKA, surpris.

Qu'entends-je ?...

DON ALVAR, à Kouli-Rouka.

Ah! j'y pense... ce n'est pas à Garbe que tu vas nous conduire... (Montrant Alaciel.) c'est auprès de son père, le soudan d'Égypte.

KOULI-ROUKA, stupéfait.

Le soudan d'Égypte!

TOUS, avec effroi, montrant Alaciel.

O ciel!...

KOULI-ROUKA.

Ah! ah! mes beaux captifs!... ah! ah! mes rusés prisonniers... on se jouait de ce pauvre Kouli-Rouka, on lui présentait une barbière pour une princesse!...

FIGARINA et ALACIEL, à part.

Ah! mon Dieu!...

DON ALVAR, de même.

Qu'ai-je fait?...

KOULI-ROUKA.

Et quelle princesse!... la fille du soudan d'Égypte!... de cet illustre soudan qui a mis ma tête à prix et qui veut me faire pendre... Eh bien! moi, je suis plus magnanime que lui...

DON ALVAR.

Et tu lui rends sa fille?

KOULI-ROUKA.

Je fais bien mieux... je l'épouse!...

DON ALVAR.

Misérable!...

TRUXILLO.

Voilà un fieffé coquin!...

DON ALVAR, à Alaciel.

Et c'est moi, moi qui vous ai livrée... trahie!...

KOULI-ROUKA.

Gendre d'un soudan! ça me va, parce qu'entre parents on se protège... et je ne crains plus d'être pendu!...

DON ALVAR, à Kouli-Rouka.

Tu braves tout ici, mais Dieu seul est le maître,

Et l'instant approche, peut-être,
Où son courroux troublant et la terre et les cieux,
Soulevant la tempête et les flots furieux,
Vous engloutiront tous dans ce désordre affreux !

KOULI-ROUKA.

Bah ! les cieux sont brillants et tout remplis de flammes ;
Le soleil resplendit et réjouit nos âmes !

DON ALVAR.

La mer cache ses coups et surprend les méchants...

KOULI-ROUKA.

Nous la bravons...

(Appelant.)
A moi, tous mes forbans !

SCÈNE X.

Les mêmes ; LES PIRATES, entrant.

LE CHŒUR.

La mer appelle !
Du flot rebelle
Bravons l'effort !
Pour le pillage
Quittons la plage,
Courons à bord !

KOULI-ROUKA.

Tout est-il prêt, braves forbans ?

LE CHŒUR.

Tout est prêt ! vingt rameurs à leurs bancs
Vont t'emporter loin de ces côtes.

KOULI-ROUKA, montrant les captifs en riant.

Très-bien ! je veux faire honneur à mes hôtes...

Les honneurs de mon campement,
Et leur montrer comment chez nous l'on vit gaiment !
(Sur un signe de Kouli-Rouka, les prisonniers sont emmenés hors de la tente par des pirates, et les autres reprennent le chant précédent.)

LE CHŒUR.

La mer appelle ! etc.

(Ils sortent tous.)

Deuxième tableau.

Une côte pittoresque. La pleine mer au fond. Çà et là, des falaises et d'immenses rochers. Un soleil ardent et rougeâtre brille sur les flots. Une barque algérienne, pavoisée, est attachée au rivage où sont campés les pirates. Au fond, en pleine mer, le vaisseau du corsaire.

SCÈNE PREMIÈRE.

FINALE.

DES ESCLAVES ESPAGNOLES accourent sur la plage et dansent un boléro devant LES PIRATES campés çà et là.

SCÈNE II.

LES MÊMES; ALACIEL, FIGARINA, TRUXILLO, entourés de pirates.

KOULI-ROUKA, rentrant.

Approchez-vous, nobles esclaves.
(Leur montrant ses gens.)
Vous voyez qu'avec de tels braves
Il faut obéir à ma loi !

FIGARINA, avec dédain.

Le ciel est plus puissant que toi !

ALACIEL, FIGARINA, TRUXILLO.

PRIÈRE.

O toi, divine Providence
Du malheureux et du banni,
Toi, par qui le crime est puni,
Contre lui, défends l'innocence !

KOULI-ROUKA, *à ses gens.*

Allons !... un tour de rhum, pour le coup du départ !...
Je le permets, et j'en veux large part !...

LES PIRATES.

Buvons,
Trinquons,
Rions,
Chantons,
Pillons,
Volons,
Sur l'onde !
Forbans
Puissants,
Donnons,
Dictons,
Nos lois
Aux rois
Du monde !

Du temps profitons,
Dans l'ivresse folle
Au hasard jetons
Le temps qui s'envole...
Après le butin
Les plaisirs du festin !
Est-on certain
Du lendemain ?

Aimons,
Trompons
Tendrons

Fripons ;
Avec nous l'amour
Dure un jour.
Sans foi
Ni loi,
Vivons,
Mourons !
A nous Lucifer
Et l'enfer !

Buvons,
Trinquons,
Vivons,
Chantons !
Sans foi
Ni loi,
Vivons,
Mourons !

ALACIEL, FIGARINA, TRUXILLO, reprenant la prière.

Toi qui peux tout dans cet affreux danger,
Dieu tout-puissant, daigne nous protéger !

LES PIRATES.

Bravant
Gaîment
Le sort,
La mort,
Stylet
Tout prêt,
On pille
Hameaux,
Vaisseaux,
Châteaux,
Marchands,
Chalands,
Parents
Et filles !

Aux uns leurs trésors,

A l'autre ses charmes.
De la belle alors
On sèche les larmes.
Souvent le brigand,
S'il est doux, charmant,
Du jeune cœur
Devient vainqueur!

Aimons,
Trompons, etc.

FIGARINA, ALACIEL, TRUXILLO.

Toi qui peux tout dans cet affreux danger,
Dieu tout-puissant, daigne nous protéger!

KOULI-ROUKA, à ses gens.

Allons! il en est temps, regagnons notre bord,
Embarquons les captifs, cinglons vers le navire!

ALACIEL, FIGARINA, TRUXILLO.

Ah! de terreur à peine je respire!...
Dieu! prends pitié de notre sort!...

(Commencement d'orage.)

SCÈNE III.

Les mêmes; DON ALVAR.

DON ALVAR, se jetant entre les pirates qui s'emparent d'Alaciel et de Figarina.

Arrêtez! et tremblez de ce forfait infâme
Que le ciel même va punir!
Le prophète éclaire mon âme,
Et le châtiment va venir!...

KOULI-ROUKA.

Le ciel!... il a bien mieux à faire
Que de s'occuper d'ici-bas!...

LES PIRATES.

De nous il ne se mêle pas ;
Nous sommes les rois de la terre !

DON ALVAR, aux pirates.

Bientôt l'aquilon va mugir ;
Son courroux, agitant le monde,
Soulèvera la terre et l'onde,
Et la foudre va retentir !

KOULI-ROUKA et LES PIRATES, riant aux éclats.

Ah ! ah ! ah ! que nous importe
La tempête de l'Océan !
Le flot vaincu toujours emporte
Le forban !

DON ALVAR, avec autorité.

Silence ! Dieu, dans sa colère,
S'apprête à frapper votre orgueil !...
(Montrant le soleil qu'une éclipse envahit peu à peu.)
Voyez, l'astre qui vous éclaire
Se couvre d'un voile de deuil !...

LES PIRATES, avec émotion, indiquant l'éclipse.

En effet, d'où vient ce prodige
Qu'au ciel nous n'avons jamais vu ?

KOULI-ROUKA, à ses gens.

Lâches ! devant un vain prestige,
Votre esprit reste confondu !

DON ALVAR, avec force, aux pirates.

Quand le soleil voile sa face,
Le sang dans notre cœur se glace,
Et les hommes périssent tous !
Déjà d'effrayantes ténèbres
Répandent leurs ombres funèbres,

Et la mort apprête ses coups!

(L'obscurité envahit la scène.)

LES PIRATES, tremblants et répétant la prédiction d'Alvar.

Quand le soleil voile sa face,
Le sang dans nos veines se glace,
Et les hommes périssent tous!
Déjà d'effrayantes ténèbres
Répandent leurs ombres funèbres,
Et la mort apprête ses coups!

DON ALVAR, ALACIEL, FIGARINA, TRUXILLO, à part, pendant le chœur des pirates.

L'effroi qui les glace
Dans leur cœur remplace
Leur cruel courroux!
Ces ombres funèbres,
Ces noires ténèbres,
Vont nous sauver tous!

KOULI-ROUKA, avec fureur, à ses gens.

Fils du démon!... vils misérables!
Cessez tous ici de frémir!

DON ALVAR, aux pirates.

Le Seigneur brise les coupables!
Mais il pardonne au repentir!

KOULI-ROUKA, à ses gens.

Entraînez nos captives
Loin de ces sombres rives!...
Mon vaisseau nous attend...

(Un violent coup de tonnerre se fait entendre; et, à la lueur des éclairs, l'on voit, à l'horizon, le navire du pirate sur lequel tombe la foudre qui l'écrase et l'engloutit.)

DON ALVAR, à Kouli-Rouka.

Ton vaisseau? Vois la foudre

Qui le réduit en poudre!...
Céleste châtiment !

KOULI-ROUKA, s'emparant d'Alaciel.

Je brave le ciel même,
Et la foudre et ses coups !

DON ALVAR, aux pirates.

Dans son malheur suprême
Il vous entraîne tous !...

LES PIRATES, répétant.

Dans son malheur suprême
Il nous entraîne tous !...

DON ALVAR, aux pirates, désignant Alaciel.

Sauvez la victime !
Empêchez le crime !
Le Seigneur l'a dit :
Cet homme est maudit !

LES PIRATES, à Kouli-Rouka.

Le Seigneur l'a dit :
Tu n'es qu'un maudit !

KOULI-ROUKA, montrant les captifs à ses pirates.

Mais il vont fuir !...

DON ALVAR.

Rendez-en grâce au ciel !...
Notre fuite peut seule apaiser l'Éternel !

(L'orage et le tonnerre redoublent.)

LES PIRATES, aux captifs.

Fuyez! fuyez ! pour apaiser le ciel !

DON ALVAR, à Alaciel, Truxillo et Figarina, les entraînant vers la barque du corsaire, amarrée au fond.

Venez ! venez ! Dieu nous protégera,
Et sur ce frêle esquif au port nous conduira !

    ALACIEL, DON ALVAR, FIGARINA, TRUXILLO.

O toi, divine Providence
Du malheureux et du banni,
Toi par qui le crime est puni,
Tu sauves enfin l'innocence !

KOULI-ROUKA, retenu par les pirates et menaçant don Alvar.

    Rage ! enfer !
    Par ce fer
    Que ma main
    Tient en vain,
    Qu'il périsse !
    C'est justice !
    Le punir
    Ou mourir !

LES PIRATES, au milieu desquels se débat Kouli-Rouka.

    Non, plus de victime !
    Empêchons le crime !
    Le Seigneur l'a dit :
    Tu n'es qu'un maudit !...
    Contre ta puissance,
    Contre ta démence,
    Apprêtons nos coups,
    Et levons-nous tous !
      (Entre eux.)
    Tournons, sans alarmes,
    Contre lui nos armes ;
    Le Seigneur l'a dit :
    Tu n'es qu'un maudit !...

(Pendant ce double chant de Kouli-Rouka et des pirates, Alaciel, don Alvar, Truxillo et Figarina montent dans la barque du corsaire, que l'on voit fendre les flots à la lueur des éclairs, et reprennent leur chant précédent.)

ALACIEL, DON ALVAR, FIGARINA, TRUXILLO.

O toi, divine Providence, etc.

(La barque s'éloigne sur les flots. Kouli-Rouka s'élance sur la rive et menace de loin les fugitifs, entouré et retenu par ses pirates, leurs armes appuyées sur sa poitrine.)

ACTE TROISIÈME

Premier tableau.

Une hôtellerie sur la frontière du royaume de Garbe. La salle des voyageurs.

SCÈNE PREMIÈRE.

RAPHAEL, PAER, JEUNES PAGES, entrant par toutes les portes et en tumulte.

LES PAGES.

Voltigeons,
Compagnons,
Et rions,
Et chantons !
Débouchons
Les flacons,
Adorons
Les tendrons !...

A nous les fleurs nouvelles !...
A nous toutes les belles !...
On prétend que les pages
Ont droit d'être volages !...

Voltigeons, etc.

PAËR, agitant une sonnette placée sur une table.

J'ai beau sonner, sonner sans cesse,
Nul ne vient!...

RAPHAEL.

Je crois bien!... abstiens-toi de crier!...
Pour mieux en conter à l'hôtesse,
Je viens de griser l'hôtelier.

TOUS.

Bravo!...

RAPHAEL, à Paër.

Visite alors, et sans entrave,
Et la cuisine, et l'office, et la cave!...
Main basse sur le colombier!...
(Avec sentiment.)
Même sur le tendre ramier!...

PAER.

Vraiment?...

RAPHAEL.

Quand il faut que je dîne,
La poésie est un abus!...
Et je mettrais en crapaudine
Jusques aux pigeons de Vénus!

LES PAGES.

Dépêchons,
Compagnons!
Et rions
Et dînons!...
Débouchons
Les flacons!
Adorons
Les tendrons!

A nous, beautés vermeilles!
A nous, vieilles bouteilles!...

On a, quand on est page,
Tout le temps d'être sage !...

Dépêchons, etc.

(Ils sortent en désordre; Raphaël reste seul en scène avec Paër.)

SCÈNE II.

RAPHAEL, PAER.

RAPHAEL.

Eh bien! tu ne les suis pas... pour hâter le dîner?...

PAER.

Non... J'aime mieux causer avec toi de nos malheurs... de notre disgrâce... On est furieux ensemble... ça soulage...

RAPHAEL, riant.

Et ça console !...

PAER.

C'est à n'y rien comprendre!... Après un mois à peine d'exercice, Sa Majesté le roi de Garbe exile tous ses pages, pour un service de cristal brisé... brisé en mille morceaux... c'est vrai !...

RAPHAEL.

Tu crois cela?

PAER.

Si je le crois?... Nous voilà sur la frontière de ses États...

RAPHAEL, s'appuyant sur l'épaule de Paër.

Le service de cristal brisé n'est qu'un prétexte, mon cher ; ne sais-tu pas que notre roi attend sa fiancée et qu'il va se marier?...

PAER.

Sans doute !...

RAPHAEL, continuant.

A la fille du soudan d'Égypte...

PAER.

Eh bien ?...

RAPHAEL, d'un ton doctoral.

Eh bien !... Quand un roi vieux et jaloux va prendre une femme jeune et belle... il aime autant ne pas avoir de pages à sa cour...

PAER.

Nous y tenions si peu de place !...

RAPHAEL, riant.

Dans un ménage, mon cher, des pages comme nous, c'est très-dangereux... et prudemment on les consigne à la frontière !...

PAER.

En attendant, j'avais ce soir un rendez-vous...

RAPHAEL, avec fatuité.

Qui est-ce qui n'a pas de rendez-vous ?

PAER.

Sous le balcon de la marquise de Bellaflore.....

RAPHAEL.

Bah ! Ta guitare se reposera !... la mienne aussi !... D'ailleurs, je sens que j'en jouerais faux ! et je chanterais de même...

PAER.

Pourquoi ?...

RAPHAEL, en confidence.

Parce que la seule femme que j'aime n'est plus à la cour

du roi de Garbe!... et que je n'ai plus le cœur d'aller m'enrhumer sous le balcon des autres!...

PAER.

Est-ce possible?... Raphaël amoureux!...

RAPHAEL.

Amoureux fou!... Et si tu savais de qui!...

PAER.

Dis-le moi?...

RAPHAEL.

Pour que tous nos camarades le sachent?... Non, mon cher... Je suis discret... Et puis, vous ririez de moi... Tiens!... (Allant à la fenêtre à gauche.) j'aperçois des voyageurs... Tant mieux!... ça me distraira de mes profonds chagrins!...

PAER.

Bah!... tu riais tout à l'heure...

RAPHAEL.

Pure diplomatie... c'était pour les cacher... Et justement, voici trois voyageurs qui entrent dans notre hôtellerie.....

PAER.

Apprêtons-nous à leur en faire les honneurs...

RAPHAEL.

Soyons gracieux et aimables, pour qu'on ne dise pas que le roi de Garbe a eu raison de renvoyer des pages aussi maussades!...

SCÈNE III.

TRUXILLO, FIGARINA, en page, entrant par la porte du fond ; RAPHAEL et PAER, assis sur le devant à droite, UN VALET.

TRUXILLO, à un valet.

Tandis que la dame que nous escortons se repose dans les appartements d'en bas, nous attendrons dans cette salle commune le moment de continuer notre route.

LE VALET.

A vos ordres, seigneur cavalier.

TRUXILLO, bas à Figarina.

Enfin, nous voilà sur la frontière du royaume de Garbe!...

FIGARINA, continuant.

Où nous attendait un message du roi... et le prince Alvar, notre jeune ambassadeur, a pris les devants... (A part.) le cœur bien gros... bien désolé... (Haut.) pour aller annoncer à son oncle l'arrivée de sa fiancée.

TRUXILLO.

Que de peines!... de traverses... dans ce maudit voyage!

FIGARINA.

Et les dangers, et les tempêtes?...

TRUXILLO, avec un soupir.

Si ce n'était que ça, encore!...

FIGARINA.

Grâce au ciel! nous en sommes heureusement sortis.

TRUXILLO.

Pas toujours!

FIGARINA, riant.

Tu crois ?

TRUXILLO.

Mais, pour achever notre route sans encombre, j'ai eu l'idée la plus lumineuse en vous proposant de voyager sous ces habits de page, afin d'éviter les galants... et les galanteries...

FIGARINA, riant.

Je le reconnais !... (Apercevant les jeunes pages assis et changeant de ton. — A Truxillo.) Silence !... quelqu'un ici... (Haut.) Mais voyez donc, mon cher... voyez... si avant de continuer notre route... on peut obtenir quelques rafraîchissements pour nous... et surtout, pour nos chevaux...

RAPHAEL, se levant et allant à Figarina.

Ça sera difficile...

PAER, à Truxillo.

Si monsieur voulait me permettre d'unir mes efforts aux siens... peut-être, qu'à nous deux, nous parviendrions à souper... nous et nos montures...

TRUXILLO.

Volontiers, mon jeune seigneur... (A part.) Il a l'air très crâne, ce petit bonhomme-là !...

PAER.

Attends-nous ici, Raphaël...

RAPHAEL.

Va... va... ne te presse pas... je n'ai pas faim...

PAER, sortant en riant.

Parbleu !... je le crois bien !... les amoureux ne mangent pas !...

(Truxillo sort à la suite du page.)

SCÈNE IV.

FIGARINA, RAPHAEL.

RAPHAEL, à Figarina.

Tandis que ce grand monsieur parcourt l'hôtellerie avec mon jeune camarade, puis-je vous offrir, seigneur cavalier, un verre de ce vieux xérès (Riant.) emprunté par mes amis à la cave de notre hôtelier?...

FIGARINA.

Volontiers, mon jeune seigneur...

RAPHAEL, lui versant à boire.

Vous arrivez en ce pays, à ce que j'ai cru entendre?...

FIGARINA, buvant.

A l'instant même... (Après avoir bu.) Un vin digne de la cave royale!... Nous allons à la cour, où nous cherchons à nous placer...

RAPHAEL.

Comment cela?...

FIGARINA.

En qualité de pages.

RAPHAEL.

Mauvaise idée! Le roi ne veut plus de pages... Il nous renvoie... il nous exile tous... jusqu'à moi, qui ai manqué me rompre le cou dans un certain voyage aérien entrepris par son ordre, l'ingrat!...

FIGARINA.

Et pourquoi cet exil?...

RAPHAEL.

Parce que sa fiancée arrive et qu'il va l'épouser...

FIGARINA.

Une sottise qu'il fera là!

RAPHAEL.

N'est-ce pas?... et qui ne serait pas arrivée, sans doute, s'il avait consulté Figarina la barbière...

FIGARINA.

En vérité?...

RAPHAEL, continuant.

Car elle ne lui donne, dit-on, que de sages avis, la charmante barbière!...

FIGARINA.

Vous croyez?

RAPHAEL.

Il est bien heureux, notre feu roi... (Se reprenant.) je veux dire, notre vieux roi... d'avoir une pareille conseillère... si jeune... si belle... si séduisante...

FIGARINA.

Vous exagérez!

RAPHAEL.

Et avec cela... une grâce... un esprit!...

FIGARINA, avec malice.

Vous la connaissez?...

RAPHAEL.

Si je la connaissais... je vous en dirais bien d'autres sur ses qualités... sur son cœur... sur sa beauté!... Mais elle a été installée dans la résidence royale pendant ma mission lointaine; et, quant à mes camarades, ils sont de la dernière promotion, faite pendant son voyage, et ils ne l'ont jamais vue...

FIGARINA, riant.

Mais alors, d'où viennent ces éloges et cet enthousiasme de votre part?...

RAPHAEL.

Ça vous étonne?... mais tenez... vous m'inspirez de la confiance...

FIGARINA.

Vraiment!

RAPHAEL.

Par exemple, je ne sais pourquoi!...

FIGARINA, riant.

Ni moi!

RAPHAEL, continuant.

Et j'ai bien envie de vous faire un aveu...

FIGARINA, de même.

Avouez, mon jeune camarade, avouez...

RAPHAEL.

Vous ne vous moquerez pas de moi, au moins?...

FIGARINA, de même.

Oh! moi... je ne suis pas un page comme un autre!...

RAPHAEL.

Eh bien!... je suis fou de la Figarina.

FIGARINA, stupéfaite.

Comment!... sans l'avoir jamais vue?...

RAPHAEL, affirmant.

Sans l'avoir jamais vue!...

COUPLETS.

Premier couplet.

On m'a tant vanté
Sa fière beauté,
Sa grâce mutine,
Ses traits séduisants,
Sa taille divine
Et ses yeux charmants...
Que ma belle idole
Reçoit tous mes vœux!
Et, vrai!... sur parole,
J'en suis amoureux!

Deuxième couplet.

Aimer ce qu'on voit,
Cela se conçoit;
Ma flamme nouvelle
A bien plus d'attraits,
Car, sans voir ma belle,
Mon cœur la connaît!...
Mon âme en raffole,
Qu'importe mes yeux?
Et vrai, sur parole,
J'en suis amoureux!

FIGARINA, gaiement.

C'est ça... vous aimez de confiance!... les yeux fermés... Mais peut-être bien qu'en la voyant, vous changeriez d'opinion!...

RAPHAEL.

Jamais!...

FIGARINA.

On la dit bavarde... coquette... légère...

RAPHAEL.

Assez, mon camarade, assez!...

FIGARINA.

On ajoute qu'elle est fort ambitieuse...

RAPHAEL, frappant du pied.

Encore !...

FIGARINA.

Et quant à sa figure, ce n'est assurément pas moi qui vous la vanterai...

RAPHAEL, avec colère.

Ah ! c'en est trop !... Vous insultez celle que j'aime et vous allez m'en rendre raison...

FIGARINA, riant, à part.

Comment ! il veut me tuer pour me faire convenir que je suis belle ?...

RAPHAEL, tirant l'épée.

Ah ! c'est que je suis fort mauvaise tête, moi ! Allons, en garde, et défendez-vous !...

FIGARINA, faisant de vains efforts pour tirer son épée du fourreau.

Par exemple !... (A part.) Je ne me suis jamais servi de ce fer-là, moi !.. (Faisant le geste d'indiquer un rasoir.) L'autre, à la bonne heure !...

RAPHAEL.

En garde, vous dis-je !...

SCÈNE V.

LES MÊMES; TRUXILLO, accourant.

TRUXILLO, en voyant ce qui se passe.

Arrêtez !... que faites-vous ?

RAPHAEL, gaiement.

Nous nous égorgeons, parbleu !...

TRUXILLO, bas et rapidement à Raphaël.

Mais, malheureux, c'est une femme!...

RAPHAEL, de même, avec surprise et joie.

Une femme!...

TRUXILLO, de même.

Silence!... gardez-moi le secret!...

RAPHAEL, à part, en examinant Figarina.

Une femme... et une jolie femme, encore!...

TRUXILLO, à Figarina.

Le voilà calmé!...

FIGARINA.

Ah! tant mieux!...

RAPHAEL, à Figarina.

Au fait, mon camarade, j'ai réfléchi que j'avais été un peu vif... et j'aime tout autant que vous trouviez des défauts à la belle barbière... comme ça, vous ne serez pas mon rival...

FIGARINA.

Jamais!

TRUXILLO, renchérissant.

Jamais!

RAPHAEL, à Figarina.

D'ailleurs, ce n'était pas une raison pour me battre avec vous.

FIGARINA.

N'est-ce pas?

RAPHAEL.

Et, comme je reconnais galamment mes torts, prouvez-moi que vous ne m'en voulez pas.

FIGARINA.

Pas du tout!

RAPHAEL.

Donnez-moi votre main.

FIGARINA, la lui donnant.

La voici!...

RAPHAEL, l'attirant à lui.

Et embrassons-nous!...

FIGARINA, se défendant.

C'est inutile!...

TRUXILLO, accourant.

Certainement!... très-inutile!...

RAPHAEL, écartant Truxillo, à Figarina.

Ou je croirai que vous me gardez rancune.

TRUXILLO, bas à Raphaël.

Mais vous n'avez donc pas compris que c'est une?...

RAPHAEL, riant.

Au contraire, parbleu!... (Prenant Figarina dans ses bras.) Allons, le baiser de paix!...

TRUXILLO.

Du tout!... on peut faire la paix sans cela.

RAPHAEL, embrassant Figarina.

C'est pour la signer...

TRUXILLO, furieux.

Quelle signature!... Et là encore... sous mes yeux!... O fatalité! fatalité!...

SCÈNE VI.

Les mêmes; PAER, et les autres Pages accourant.

PAER.

Que vois-je? s'embrasser ainsi...
Très-bien! très-bien! sur mon âme!...
Déjà se traiter en ami?

RAPHAEL, bas à Paër.

C'est une femme!...

PAER, de même, à ses camarades.

C'est une femme!...

TOUS.

Une femme!... une femme!...

PAER, s'avançant vers Figarina.

Permettez-nous!...

TOUS, de même.

Oui!...

TRUXILLO et FIGARINA.

Non!...

PAER et LES PAGES.

Tous!... tous!...

(Ils poursuivent Figarina et l'embrassent malgré elle.)

TRUXILLO, avec rage.

Quatre... et peut-être davantage!...
Je n'ose compter... je frémis!...

FIGARINA, à Truxillo.

C'est pourtant grâce à ton avis
Que j'ai pris ces habits de page!

UN MAITRE D'HOTEL, entrant.

Messeigneurs, vous êtes servis!...

TOUS, voulant entraîner Figarina.

Allons, à table, chers amis!...

TRUXILLO et FIGARINA, se dégageant.

Il faut nous remettre en voyage!...
Messieurs, messieurs, adieu vous dis!...

LES PAGES.

Voltigeons, etc.

(Truxillo et Figarina sortent par le fond. Les pages entrent dans l'hôtellerie à gauche.)

Deuxième tableau.

La salle des fêtes dans le palais du roi de Garbe.

SCÈNE PREMIÈRE.

BABOLIN, entrant, entouré de DAMES et de SEIGNEURS DE SA COUR. — Il est en grand costume royal.

BABOLIN, aux seigneurs et aux dames.

Très-bien! très-bien!... Je suis touché de vos compliments et de vos vœux pour mon bonheur! (A part.) Je n'en crois pas un mot, mais dans un jour comme celui-ci il faut bien faire les choses; ça les flatte et ne me coûte rien. (Aux seigneurs.) Qu'à son arrivée dans ce palais, mon auguste fiancée soit conduite à ses appartements; et vous, ses dames d'atours, occupez-vous de sa toilette pour l'audience solennelle; parez-la de tous les joyaux de la couronne, de ses diamants... et du magnifique collier de perles que je lui ai envoyé... du collier surtout... j'y tiens!...

UNE DAME.

Votre Majesté sera obéie.

BABOLIN.

Et maintenant, que l'on introduise mon neveu, notre ambassadeur.

UN HUISSIER.

Sire, le voici !

(Les dames et les seigneurs saluent respectueusement le roi et sortent.)

SCÈNE II.

BABOLIN, DON ALVAR.

DON ALVAR, à Babolin avec effusion.

Ah ! mon cher oncle, enfin je vous revoi !

BABOLIN.

Mon beau neveu !... mais permettez, le roi
Doit avant tout, selon l'usage,
Vous traiter en ambassadeur...
Entendre le récit de votre long message ;
Puis l'oncle, après le prince, écoutera son cœur.

DON ALVAR.

AIR.

Charmé de ce message et tout plein d'espérance,
De la cour du soudan j'admirais la splendeur ;
J'admirais son éclat et sa magnificence,
Quand s'offrit à mes yeux l'objet de votre ardeur.
Ému, troublé soudain par sa grâce touchante,
Je devins son époux, en votre nom, seigneur.
Ah ! les cieux étoilés, dans leur clarté brillante,
  Sont moins purs que son cœur !

BABOLIN.

Très-bien !... pourtant dans la route, je gage,

La reine a dû courir quelque danger?

DON ALVAR.

Ah! j'avais pour la protéger,
Mon bras et mon courage!
Quand les éléments
Grondaient sur ma tête,
Et lorsque les vents
Portaient leur tempête,
Me riant du sort
Qui me l'eût ravie,
Pour sauver sa vie,
Je bravais la mort!
Mais la tempête et ses alarmes,
Pour mon âme avaient bien des charmes;
Sous son regard enchanteur,
Un seul penser brûlait mon cœur.

BABOLIN, à part.

Que dit-il?

DON ALVAR.

Bandit fameux, aimable page,
Me causaient un plus grand émoi,
Et je savais dans ce voyage
La défendre comme pour moi...

BABOLIN.

Non, pour moi, s'il te plaît... pour moi, non pas pour toi!...

DON ALVAR.

Comme pour vous, seigneur, puisqu'elle a votre foi.

BABOLIN.

Ainsi, toujours elle est digne de moi?

DON ALVAR.

L'étoile du matin, quand la naissante aurore,
Chassant la sombre nuit, vient éclairer les cieux,
Et la rose des bois que le soleil colore

Et fait épanouir quand il darde ses feux,
L'enfant dont le berceau voit le premier sourire,
L'amour saint d'une mère et l'ange du Seigneur,
La source du vallon, la brise qui soupire,
   Sont moins purs que son cœur.

BABOLIN.

Candeur, esprit, vertu, beauté,
C'est du bonheur en vérité !
Un tel trésor est, sur ma foi,
   Digne d'un roi !

A merveille !... Je suis enchanté, ravi... et rassuré... rassuré sur les qualités, sur toutes les qualités de la princesse... Mon neveu, mon cher neveu !... je t'accablerai de grandeurs et de richesses... Je te ferai le chevalier d'honneur de la reine... Tu veilleras sur elle... pour moi... tu ne la quitteras pas plus que ton ombre...

DON ALVAR.

Ah ! Sire, une telle confiance...

BABOLIN.

Tu lui diras de jolies choses... toujours pour moi... quand je serai de mauvaise humeur... tu peux même lui vanter un peu mes avantages personnels... mon esprit...

DON ALVAR.

Qu'elle remarquera sans peine...

BABOLIN.

C'est égal... tu ne feras pas mal d'insister là-dessus... ça ne peut pas nuire...

DON ALVAR.

Pardon, Sire, mais ma présence près de vous n'étant pas utile aux intérêts de Votre Majesté, je vous demande la permission de la quitter après votre mariage.

BABOLIN, vivement.

Me quitter ? Toi, mon conseiller, mon neveu, toi, le seul de ma cour qui ne m'inspireras aucune jalousie près de la reine !...

DON ALVAR, souriant.

Vraiment, Sire ?

BABOLIN.

Ça n'est pas comme ces étourneaux de pages à qui j'ai interdit le séjour de ma capitale, sous les peines les plus sévères... parce que des pages... c'est galant !... c'est téméraire !... Tandis que toi, un savant !... un sage !...

DON ALVAR.

Pas tant que vous croyez, peut-être !...

BABOLIN.

Si fait, si fait !... et puisque j'épouse un trésor de vertus, je veux que tu m'aides à le garder.

DON ALVAR, à part.

Hélas !... il s'adresse bien !...

BABOLIN, entendant venir quelqu'un.

Qui vient là ?... Qui ose pénétrer ici sans mon ordre ?

SCÈNE III.

Les mêmes ; FIGARINA.

FIGARINA, entrant en costume de cour élégant.

Moi, Sire !

BABOLIN.

Figarina !

FIGARINA.

La première dame d'honneur de la future reine de Garbe

DON ALVAR, au roi.

La compagne fidèle et dévouée de la princesse pendant notre long voyage.

BABOLIN, à Figarina, avec affection.

Allons, viens ça, mon enfant... je suis enchanté de ton retour... car, vrai, tu me manquais... d'abord, pour ma barbe que je faisais tout de travers... et puis pour toi aussi... car je t'aime, au fond...

FIGARINA, malignement.

Je le sais bien...

BABOLIN.

Malgré tes défauts!...

FIGARINA.

Bah!... qui n'en a pas?... Je viens, Sire, vous annoncer l'entrée de votre royale future dans ce palais.

BABOLIN, avec joie.

La princesse est arrivée?...

FIGARINA.

Depuis une heure, environ... ses femmes achèvent sa toilette de noce.

DON ALVAR, à part.

Déjà! grand Dieu!...

FIGARINA.

Et voici qu'on vous l'amène, parée de ses plus riches atours...

BABOLIN.

A merveille!... (A don Alvar.) Va recevoir la princesse, mon beau neveu; c'est à toi de nous la présenter...

DON ALVAR.

Comment, Sire, vous exigez?...

BABOLIN, à don Alvar.

N'est-ce pas toi qui l'as conduite ici?... Ne lui as-tu pas fait la cour en notre nom?...

FIGARINA, à part.

Et un peu au sien!

BABOLIN, continuant.

Ne l'as-tu pas épousée... encore en notre nom?...

DON ALVAR, s'oubliant.

Hélas!...

BABOLIN, surpris.

Que dis-tu?...

DON ALVAR.

Rien, mon oncle, rien... J'obéis à Votre Majesté...
(Il va au-devant de la princesse qui entre par le fond.)

SCÈNE IV.

Les mêmes; ALACIEL, en grand costume de cour, suivie de Dames d'Honneur et de Seigneurs.

BABOLIN, avec admiration, la voyant s'approcher.

Ah! grand Dieu! qu'elle est belle!

DON ALVAR, au roi, d'une voix émue.

Sire, la princesse Alaciel, votre auguste fiancée!...

ALACIEL, à Figarina, montrant Babolin, à part.

Que vois-je?... Quoi! c'est là le roi?...

FIGARINA, de même.

Votre époux, princesse!...

ALACIEL, à part, désignant don Alvar.

Ah! mon Dieu!... quelle différence!...

BABOLIN, à la princesse.

Pardonnez-moi, charmante Alaciel, de n'avoir pas été au-devant de Votre Altesse... mais occupé depuis l'aurore à me revêtir de mes insignes royaux... j'ai voulu paraître à vos yeux sous le jour le plus favorable.

ALACIEL, à part.

Il a bien réussi!

BABOLIN.

Au surplus, Votre Altesse a mis le temps à profit, et cette brillante toilette qui vous rend plus charmante encore...

ALACIEL.

Je me suis conformée aux désirs de Votre Majesté...

BABOLIN.

Mais, parmi ces diamants et ces rubis étincelants... (L'examinant.) je ne vois pas... je n'aperçois pas certain collier que notre ambassadeur a dû vous offrir de ma part...

FIGARINA, à part.

Les perles enlevées!...

DON ALVAR, de même.

Grand Dieu!

FIGARINA, avec embarras.

Ça se conçoit... des perles, des rubis, ça n'allait pas ensemble!...

BABOLIN, à Alaciel, d'un ton piqué.

Votre Altesse n'aurait-elle pas trouvé mon présent digne d'elle?...

ALACIEL.

Au contraire, Sire, d'un goût exquis... des perles magnifiques... (Sortant timidement l'écrin de sa poche.) Mais... au moment où j'ouvrais cet écrin... je me suis aperçue...

BABOLIN, fronçant le sourcil.

Achevez, madame...

ALACIEL, continuant.

Que plusieurs de ces perles avaient disparu.

BABOLIN, consterné.

Qu'entends-je ?...

ALACIEL, vivement.

Le prince et Figarina vous diront, Sire, que nous ignorons comment cela s'est fait, et nous n'avons jamais pu comprendre...

BABOLIN, prenant l'écrin.

Je comprendrai peut-être, moi !... (Aux dames et aux seigneurs.) Que tout le monde s'éloigne... (L'ouvrant.) Que vois-je !... Il en manque dix !... dix !...

FIGARINA.

Non, non, cinq... pas davantage !...

BABOLIN, lui mettant l'écrin dans les mains.

Vois plutôt... il n'en reste que trois.

FIGARINA, stupéfaite.

Trois !... rien que trois !...

DON ALVAR, à Babolin.

Eh bien !... mon oncle, que vous importe quelques perles de moins ?...

BABOLIN, furieux.

Ce qu'il m'importe ?... Il en parle bien à son aise, mon beau neveu !...

DON ALVAR, continuant.

Avec toutes les richesses de son trésor, Votre Majesté doit-elle tenir à si peu de chose?...

BABOLIN, indigné.

Si peu de chose!... Il appelle ça si peu de chose!...

DON ALVAR, de même.

Il sera facile de retrouver d'autres perles pour ce collier

BABOLIN, avec emportement.

Du tout, monsieur!... quand de pareilles perles sont perdues... on ne les remplace pas!...

(Un huissier du palais entre par le fond.)

L'HUISSIER, au roi.

Le conseil attend Sa Majesté pour la féliciter sur son heureux mariage...

BABOLIN, éclatant.

Me féliciter!... Par la mort-Dieu!... ça tombe bien!... Il y a de quoi!... Mais il ne sera pas dit que le soudan d'Égypte et sa fille ingénue se seront impunément joués du puissant roi de Garbe... (A don Alvar:) Reconduisez la princesse à son appartement, monsieur l'ambassadeur... (D'un ton de menace.) Et quant à la façon dont vous veillez sur ce qu'on vous a confié, nous nous expliquerons à ce sujet!...

DON ALVAR.

Mon oncle, de pareils reproches!...

BABOLIN.

Sortez, monsieur, je vous l'ordonne!...

DON ALVAR, à Figarina.

Tâche de savoir la cause de ce grand courroux!

FIGARINA.

Fiez-vous à moi!

DON ALVAR, à Alnciel, lui offrant le main.

Venez, venez, princesse!

(Il sort avec elle.)

SCÈNE V.

BABOLIN, FIGARINA.

FIGARINA.

Oserais-je demander à mon noble maître d'où vient son agitation, son dépit?

BABOLIN.

Mon dépit... dis plutôt mon indignation, ma fureur!...

FIGARINA.

Comment?...

BABOLIN.

Écoute, tu m'es attachée... dévouée... toi, Figarina.

FIGARINA.

En doutez-vous?

BABOLIN, tirant de sa poche la lettre de l'enchanteur.

Eh bien! lis... lis cette lettre... mais toi... toi seule, entends-tu?

FIGARINA.

Une lettre?...

BABOLIN.

Que m'a écrite mon parrain en m'envoyant ce collier... tu comprendras...

L'HUISSIER, recommençant.

Le conseil attend Sa Majesté...

BABOLIN, achevant avec rage.

Pour la féliciter !... Non certes... on ne me félicitera pas... car ce mariage...

FIGARINA.

Eh bien !... Sire ?...

BABOLIN, hors de lui.

Par mes aïeux ! je sais ce qui me reste à faire !...

FIGARINA.

Quoi donc, Sire ?...

BABOLIN.

Tu le sauras plus tard !...

L'HUISSIER, recommençant.

Le conseil attend...

BABOLIN, furieux.

Sa Majesté pour la féliciter sur son heureux mariage !... assez ! assez !...

(Il sort vivement.)

SCÈNE VI.

FIGARINA, seule, jetant un cri de surprise après avoir parcouru la lettre.

Qu'ai-je lu ?... (Continuant à lire haut.) « Lorsque celle qui « portera ce collier accordera ou laissera prendre la plus « légère faveur... à l'instant même, une perle disparaîtra « pour ne plus revenir ! » Ah ! mon Dieu !... j'y songe... et cet écrin que je n'ai pas cessé de garder sur moi... pendant tout le voyage !... Et tous ces... accidents de la route... voilà donc le secret des perles envolées !...

AIR.

Non, je n'y croirais pas, si ce maudit écrin,

17.

Pour m'accuser encor, n'était là dans ma main !
Dix perles, dix baisers... ô dépense inouïe !
Moi que chacun connaît pour mon économie !

Comptons... dans l'ombre, un au seigneur Alvar !...
Item à cet iman... au vieil Ali-Caphar !
Et ce vilain corsaire... en voilà quatre, hélas !
Quatre déjà !... je ne me trompe pas !...
Ah ! que de périls en voyage !
De l'amour défier les traits,
Toujours veiller, lorsqu'on est sage,
Sur sa vertu, sur ses attraits...
Il faudrait être aveugle et sourde !
Et la tâche est bien lourde,
Avec un cœur aimant !

Hélas ! je sais ce qu'il en coûte
Pour voyager... l'on trouve tant
De voleurs sur la grande route,
En vérité, c'est effrayant !...
Hélas ! il ne faut qu'un brigand
Pour piller bijoux, innocence,
Et vous réduire à l'indigence !

Quatre baisers ! c'est tout... non pas, et par surprise,
Un autre à don Alvar... et puis, dans sa méprise,
Un à ce joli page... Hélas ! en voilà six !
Quatre à ses compagnons... quatre, cela fait dix !
Vraiment, c'est affreux, quand j'y pense,
Et j'en suis tremblante d'effroi...
En voyage quelle dépense,
Quand on a tant d'ordre chez soi !
Que ne suis-je maussade et laide !
La laideur vient en aide
Au cœur qui se défend !
Mais pour moi quel tourment !...

Hélas ! je sais ce qu'il en coûte, etc.

Je me garderai bien de dire au prince le secret du talisman... Plutôt que de voir soupçonner la princesse... il aurait tout dit... tout gâté, peut-être!... Tandis qu'en laissant au roi son erreur et son indignation... au fait!... il y a de quoi!... trois perles!... rien que trois perles!... mais, quant à celles qui restent, je suis tranquille... (Touchant sa poche.) Elles sont là en sûreté, et je suis sur mes gardes... (Allant s'asseoir sur un fauteuil.) Voyons, réfléchissons... le roi est furieux... il ne s'agit que d'en profiter!

SCÈNE VII.

FIGARINA, assise le coude appuyé sur la table, à droite, TRUXILLO, entrant par le fond.

TRUXILLO, s'avançant doucement.

C'est elle!... depuis que notre voyage est terminé, impossible de la voir... moi qui ne peux vivre sans elle!... et dire que tant d'autres... devant moi... et jamais moi!... c'est à se damner de rage!... Elle ne m'a pas entendu entrer... si j'osais... (Reculant.) je n'ose pas!... lâche!... poltron!... (S'avançant.) Allons, du cœur!... je l'aime trop pour en avoir... après tout... on ne meurt qu'une fois en sa vie!...
(Il s'avance sur la pointe du pied vers Figarina, et l'embrasse sur le cou.)

FIGARINA, se levant, avec colère.

Insolent!...

COUPLETS.

Premier couplet.

TRUXILLO, tombant aux pieds de Figarina.

Grâce, pardon, pour cette fois!
J'ai perdu la tête, je crois,
Et moi, si candide autrefois,
Je deviens fou quand je vous vois!
Hélas! devant ces charmes-là,
Ces doux regards *et cætera*,

Mon innocence s'envola !
Je suis bon chrétien, sur ma foi,
Je crois en Dieu, je crois au roi,
Mais le diable est bien fin, oui-da,
Pourquoi m'a-t-il montré tout ça?.

Grâce pour moi, Figarina...
C'est le diable qui me tenta !
Mon cœur timide jusque-là,
En volcan bientôt se changea...
Mea culpa! mea culpa!

FIGARINA, riant.

Ah ! mon Dieu ! quel excès d'amour !

TRUXILLO.

Deuxième couplet.

Je suis pudique et vertueux,
J'ai vu des yeux noirs et des bleus
Que mon physique avantageux
Embrasait des plus tendres feux !...
Le cœur est faible à son printemps,
Et je n'ai pas plus de vingt ans...
A vingt ans on aime toujours,
Vingt ans, c'est l'âge des amours !

Grâce pour moi, Figarina...
C'est le diable qui me tenta !...
Mon cœur timide jusque-là,
En volcan, hélas ! se changea...
Mea culpa! mea culpa!
Mea culpa!

FIGARINA, à Truxillo qui s'est remis à ses genoux à la fin du second couplet.

Et tu restes là, à mes genoux... n'entends-tu pas que l'on vient ?

TRUXILLO, se levant et écoutant.

En effet, quel tumulte ! C'est singulier... dans un palais

si tranquille... où le roi, lui-même, donne l'exemple du calme le plus plat!

FIGARINA.

Allons!... sors maintenant!...

TRUXILLO.

Je sors.

FIGARINA.

Pars vite!...

TRUXILLO.

Je pars vite.

FIGARINA.

Et ne reviens plus!...

TRUXILLO.

Ah! quant à ça... quand on emporte un souvenir! un bonheur... Adieu la barbière!... Adieu!... (A part, s'en allant.) C'est égal... j'ai été brave tout de même!

SCÈNE VIII.

FIGARINA, puis RAPHAEL.

FIGARINA, regardant au fond.

Que se passe-t-il donc ici?... un homme qu'on poursuit à travers le jardin... on va l'atteindre... non... il se cache... on perd ses traces... le voilà qui accourt par ici...

RAPHAEL, entrant tout essoufflé.

Ouf!... il était temps... je n'en puis plus!...

FIGARINA, le reconnaissant.

Le beau page Raphaël!...

RAPHAËL, apercevant Figarina, jetant un cri de joie et tombant à ses pieds.

Que vois-je? vous que je cherchais ici... vous, mon soleil!... ma vie!... mon seul amour!...

FIGARINA, vivement.

Mais relevez-vous, relevez-vous donc... Ils ont tous la manie de tomber à mes pieds, aujourd'hui!

RAPHAEL.

Ah! c'est qu'on est si bien ainsi!

FIGARINA.

Tout le monde ne serait pas de cet avis! Ah! ça, vous savez donc qui je suis?

RAPHAEL.

Parbleu! à peine étiez-vous partie de la posada, que l'hôtelier, qui vous avait reconnue, est accouru nous le dire.

FIGARINA.

Ah! le misérable, moi qui l'avais payé pour se taire!

RAPHAEL, riant.

C'est pour cela qu'il a parlé.

FIGARINA.

C'est juste... mais vous ignorez donc les dangers que vous courez dans ce palais?

RAPHAEL, avec insouciance.

Du tout!... les gardes!... les officiers du roi, les valets qui m'ont aperçu, se sont mis à ma poursuite... et s'ils me prennent, il s'agit de la vie peut-être... mais qu'importe!... pour vous revoir...

FIGARINA, avec intérêt.

Pauvre garçon!...

RAPHAEL.

Et puis ce n'est pas tout... et s'il faut vous le dire... je viens aussi pour me venger de vous...

FIGARINA, surprise.

De moi?... (Riant.) Encore un duel?...

RAPHAEL.

Non! l'affaire peut s'arranger... Mais vous vous êtes jouée de moi... Vous m'avez laissé vous embrasser comme un camarade... moi, pauvre innocent, qui ne me doutais pas... (A part.) Je mens comme un page, mais, ma foi, c'est de l'emploi!

FIGARINA, riant.

Si ce n'est que cela!...

RAPHAEL.

C'est bien pis encore... Mes amis, qui me suivent de près, et à qui j'ai tout avoué, mon amour... ma passion pour vous... m'ont plaisanté, se sont moqués de moi... et j'ai juré que pour me réhabiliter à leurs yeux...

FIGARINA.

Eh bien?

RAPHAEL.

Vous me rendriez vous-même le baiser que je vous ai donné.

FIGARINA, se révoltant.

Par exemple!... jamais... c'est d'une impudence!...

RAPHAEL, fièrement.

Madame, s'il s'agit de mon honneur!

FIGARINA, *de même, et en riant.*

Et le mien donc ?

RAPHAEL.

Eh bien non !... (Tombant à ses pieds.) Grâce pour ma témérité... je n'exige plus... je supplie !...

DUETTO.

Ah ! pardon !... c'est un bien suprême !
Un bien pour qui je donnerais
Mon avenir et mes jours même,
Sans hésiter et sans regrets !
Allons, faites-moi cette aumône...
Rien qu'un seul baiser, ma beauté !

FIGARINA.

Non, non, monsieur... en vérité !
J'ai mes pauvres à qui je donne,
Et ne veux plus faire à personne
La charité !
On vient... Ah ! fuyez sans retard !
Je connais votre excellent maître,
Il vous ferait mourir, peut-être...
Quitte à se repentir plus tard.

RAPHAEL.

Je brave tout ! à sa vengeance
Je vais m'offrir, car le bonheur
Fait tenir seul à l'existence !

FIGARINA.

Quoi !... pour prix de cette faveur,
Vous partirez ?

RAPHAEL.

Oui, d'une amie
L'on respecte la volonté !...

FIGARINA.

Ah! je puis bien, en vérité,
Faire, mais comme une œuvre pie,
Afin de lui sauver la vie,
La charité!...

(Au moment où Raphaël se baisse devant Figarina, qui l'embrasse sur le front, les portes s'ouvrent et les pages paraissent de tous côtés.)

SCÈNE IX.

Les mêmes; PAER, et les autres jeunes Pages; puis BABOLIN et ses Gardes.

LES PAGES, entrant en riant et désignant Raphaël.

Bravo! vive Dieu!... le drôle
A ses amis tient parole!
Il a reçu son baiser!

FIGARINA, aux pages.

Messieurs... messieurs... je n'ai pu refuser!...

LES PAGES.

Ah! c'est un bon tour de page!
Raphaël a du courage,
Et lui seul sait tout oser!...

RAPHAEL, à ses camarades.

Qui vous amène ici?...

LES PAGES.

Chaque page est un frère!
Tu courais des dangers... nous voici près de toi!

FIGARINA.

Eh quoi!... sans craindre la colère
Du grand Babolin, votre roi?

LES PAGES, à Figarina.

Ah! priez pour nous, la barbière!
Sauvez-nous du courroux du roi!
(Babolin paraît. Tous les pages vont se réfugier derrière Figarina.)

BABOLIN, entrant furieux.

Que m'a-t-on dit? quoi!... malgré ma défense,
Tous mes pages... quelle insolence!
Sont revenus dans mon palais?...
(A ses gardes, montrant ses pages.)
Qu'on s'en empare... et qu'aux arrêts
Ils soient tous mis, pendant qu'on fera leur procès!...
Et puis, pendus!...

TOUS.

O ciel!...

FIGARINA, à Babolin.

Moi seule suis coupable,
Sire!... ne punissez que moi!...
Comptant sur votre hymen, dans ce jour ineffable,
J'ai voulu que la cour fût digne de son roi!
Et les ai rappelés...

BABOLIN, à demi-voix, à Figarina.

Tais-toi!... ce mariage
Redouble encor ma fureur et ma rage!...

TOUS LES PAGES, au roi.

A vous nos bras, jusqu'au trépas!...
Ah! Sire, ne vous privez pas
De tant de pages si fidèles!...
Mourir pour son prince et les belles,
Voilà notre loi!
Vive notre roi!
Vive, vive notre roi!

BABOLIN, à part.

Au fait!... puisque je suis sans femme...

Pour les chasser je n'ai plus de raison...
(Montrant Figarina.)
Remerciez... c'est à madame
Que vous devez votre pardon!...

TOUS, à Figarina.

Que de bontés!...

RAPHAEL, bas, à Figarina.

Ai-je aussi mon pardon?

FIGARINA, à part.

Il le faut bien... méchant garçon!...

LES PAGES, à Babolin.

A vous nos bras, jusqu'au trépas!
A vous qui ne vous privez pas
De tant de pages si fidèles!...
Mourir pour son prince et les belles,
Voilà notre loi!...
Vive notre roi!...
Vive la barbière du roi!...
(Ils sortent tous, excepté Babolin et Figarina.)

SCÈNE X.

BABOLIN, FIGARINA.

FIGARINA.

Bravo! Sire... voilà un beau trait!... un trait de clémence... à la Titus!...

BABOLIN.

Tu crois!... je ne me savais pas si magnanime!... mais je ne le serai pas autant pour la fille du soudan... Et d'abord, lui as-tu rendu son écrin?...

FIGARINA, avec embarras.

Oui, Sire ! (Le tirant de sa poche sans être vue du roi, et retenant un cri de surprise. — A part.) O ciel!... deux perles de moins!... il n'y en a plus qu'une... rien qu'une!...

BABOLIN, à Figarina.

Tu as lu la lettre de mon parrain ?

FIGARINA, la lui présentant.

Oui, Sire !...

BABOLIN, à Figarina.

Ma résolution est prise. Je viens d'écrire au soudan d'Égypte !...

FIGARINA.

Pour lui apprendre ?...

BABOLIN.

Que je lui renvoie sa fille comme indigne de mon trône... et de ma main !

FIGARINA, vivement.

Vous ne ferez pas cela.

BABOLIN.

Si vraiment !... (Il frappe sur un timbre.) Tu vas voir...

SCÈNE XI.

Les mêmes; RAPHAEL.

RAPHAEL, au roi.

Que désire Votre Majesté ?

BABOLIN, tirant de son pourpoint une large dépêche cachetée.

Que tu partes à l'instant même pour porter cette dépêche au soudan d'Égypte.

(Il lui remet la dépêche.)

RAPHAEL, stupéfait.

Miséricorde!... au bout du monde!... (A part, regardant Figarina.) Et la quitter encore!

FIGARINA, au roi.

Y pensez-vous? mais c'est la guerre!... une guerre terrible avec le soudan et ses alliés.

BABOLIN, avec terreur.

La guerre!... (A Raphaël qui s'éloigne lentement.) Arrête-toi... je te l'ordonne...

RAPHAEL.

Bien volontiers... (A part.) Quel bonheur!

FIGARINA, insistant.

Oui, la guerre... pour vous forcer à épouser la princesse.

BABOLIN.

L'épouser... jamais! (A Raphaël.) Ah! çà, t'en iras-tu?

RAPHAEL.

Mais Votre Majesté m'a rappelé!...

BABOLIN, avec colère.

Je t'ai rappelé pour te dire de t'en aller au plus vite!...

RAPHAEL, à part.

C'était bien la peine...

(Il joint les mains derrière le roi en regardant Figarina.)

FIGARINA, se penchant à l'oreille du roi.

Mais je connais un moyen, pour Votre Majesté, de sortir de là... sans trouble et sans guerre aucune.

BABOLIN, à Figarina.

Sans guerre, dis-tu?... (A Raphaël.) Reviens ici, toi... je te le commande!

RAPHAËL, accourant.

Me voilà, Sire, me voilà...

BABOLIN, à Figarina.

Es-tu bien sûre que cela puisse s'arranger?...

FIGARINA.

Pacifiquement, et en vous donnant le renom du roi le plus généreux et le plus spirituel de l'Europe et de l'Afrique...

BABOLIN, stupéfait.

Est-ce possible?...

FIGARINA.

Je vous le jure...

BABOLIN.

Voilà qui est fort! Quelle femme!... (Au page.) Allons... rends-moi cette dépêche... tu ne pars plus...

RAPHAËL, sautant de joie.

Ah! grand merci... je l'ai échappé belle!...

FIGARINA, bas à Raphaël.

Vite, porte cet écrin à la princesse.

(Elle le lui remet.)

RAPHAËL, de même.

J'y cours, Figarina, j'y cours!...

(Il sort vivement.)

BABOLIN, à Figarina.

Voyons, parle! parle!...

FIGARINA.

Le prince Alvar, votre neveu, qui ne se doute pas des secrets de l'écrin... aime passionnément la princesse Alaciel!

BABOLIN, avec colère.

Le malheureux !...

FIGARINA.

Laissez-lui son malheur... qui vous rend votre liberté et votre parole... Oncle et roi généreux...

(Elle continue à lui parler bas.)

BABOLIN, riant.

Bien, bien, je comprends... (Riant plus fort.) Plaisant !... très-plaisant !... au fait, voilà une idée !...

FIGARINA.

Qui sort de ma tête...

BABOLIN, toujours riant.

Et qui sauve la mienne !...

SCÈNE XII.

FINALE.

Sur une marche qui va crescendo et prend un caractère brillant, entrent : TRUXILLO, RAPHAEL, LES PAGES, LES SEIGNEURS et DAMES DE LA COUR ; LES GARDES descendent du fond, sur le devant du théâtre ; ALACIEL, DON ALVAR, BABOLIN, FIGARINA. Entrée pompeuse et brillante.

(Babolin qui a remonté le théâtre, et qui a reçu les félicitations de toute sa cour, redescend, et se place entre don Alvar et Alaciel, Figarina le regarde avec inquiétude.)

BABOLIN, s'adressant à Alaciel.

Voici l'heure du mariage...

(Lui présentant la main.)
Allons, princesse !...

ALACIEL et FIGARINA.

O ciel !...

DON ALVAR.

Plus d'espoir !

BABOLIN, à Alaciel qu'il regarde.

Votre main
A frémi dans la mienne !...
(Regardant don Alvar qui est près de lui, de l'autre côté, et qui détourne la tête.)
Et ce trouble soudain,
D'où vient-il, don Alvar ?...

DON ALVAR, à part.

Malgré moi, mon courage
Se brise !...

BABOLIN, d'un ton sévère.

Oui, je le vois, on me trompe, on m'outrage...
Vous vous aimez !...

DON ALVAR et ALACIEL, d'un ton suppliant et s'inclinent.

Ah ! Sire !...

BABOLIN.

Et, prince généreux,
Pour vous punir... je vous unis tous deux !
(Il unit leurs mains et passe à droite, près de Figarina.)

ALACIEL, et DON ALVAR, pressent Alaciel dans ses bras.

O bonheur imprévu dont s'enivre mon âme !...
(Il l'embrasse vivement.)

ALACIEL.

Que faites-vous ?...

DON ALVAR.

N'êtes-vous pas ma femme?

FIGARINA, à droite, et bas à Babolin.

Bien joué!...

BABOLIN, se frottant les mains en riant.

N'est-ce pas?...

FIGARINA.

C'est admirable!...

BABOLIN.

Eh bien!
Ce n'est pas tout!...
(Passant au milieu du théâtre et s'adressant à don Alvar et à Alaciel.)
Pour moi, de l'hymen voici l'âge!
Et voulant, comme vous, former un tel lien,
J'ai fait, mon cher neveu, le choix charmant et sage
D'une femme... et de plus, d'un conseil, d'un ami!...
Et cette femme...
(Montrant Figarina.)
La voici!

FIGARINA, étonnée et refusant.

Moi! non pas!...

RAPHAEL, à part, avec regret.

Mon rêve d'amour est fini!

TRUXILLO, de même, à part, regardant Figarina.

Et moi mon rêve de mari!

ALACIEL, à Figarina.

A toi le diadème!

DON ALVAR, à Figarine.

A toi la royauté !

ALACIEL, à Figarine.

Et je dois de moi-même
Te rendre cet écrin !...

(Elle le lui présente.)

BABOLIN, le prenant.

C'est de toute équité.

(A part, regardant Figarine.)
Et cela peut servir !...

(L'ouvrant et poussant un cri de surprise.)
Dieu ! nouvelle lacune !...
Pas une !... Il n'en reste pas une h..
Trois... en une heure, à peine !... en une heure... morbleu !

DON ALVAR, s'approchant de lui.

Qu'avez-vous, Sire ?...

BABOLIN, regardant don Alvar d'un air de compassion comique, et retenant un éclat de rire.

Rien !...

(A part.)
Ah ! mon pauvre neveu !...

LE CHŒUR.

Vive la reine !
Gentille reine,
Qui nous enchaîne
Par sa bonté !
L'amour lui donne
Une couronne,
L'amour lui donne
La royauté !
C'était la sienne,

Si l'équité
Veut qu'on l'obtienne
Par la beauté!

(Tout le monde s'incline devant Figarina, dont le roi tient la main.)

L'OURS ET LE PACHA

OPÉRA BOUFFE EN UN ACTE

En société avec M. X. B. Saintine

MUSIQUE DE F. BAZIN.

Théatre de l'Opéra-Comique. — 21 Février 1870.

PERSONNAGES.	ACTEURS.
SCHAHABAHAM, pacha.	MM. PRILLEUX.
MARÉCOT, son conseiller	POTEL.
TRISTAPATTE, époux de Roxelane.	PONCHARD.
LAGINGEOLE, associé de Tristapatte.	COUDERC.
ALI, premier écuyer.	MIGNOT.
ROXELANE, sultane favorite	Mmes BÉLIA.
ZÉTULBÉ, sa suivante	—

SULTANES. — ESCLAVES. — DERVIS et MUSICIENS

Dans le sérail du pacha.

L'OURS ET LE PACHA

Les jardins du sérail. — A gauche une porte au-dessus de laquelle est écrit : *Appartements des femmes*. A droite, une volière dont le treillage est doré; au-dessus, cette inscription : *Petite ménagerie;* à la suite de la ménagerie, un mur qui ferme le théâtre et près duquel est un arbre. A gauche, sur le premier plan, le trône du pacha.

SCÈNE PREMIÈRE.

ROXELANE assise sur un divan à gauche. ZÉTULBÉ à ses côtés. PLUSIEURS AUTRES FEMMES les entourent. Toutes sont dans l'attitude de la douleur; puis des OFFICIERS DU SÉRAIL et des EUNUQUES.

INTRODUCTION.

DES OFFICIERS du sérail, entrant par le fond à gauche, et s'avançant mystérieusement jusqu'auprès du divan où pleurent Roxelane et ses femmes.

Comment va-t-il?

ROXELANE.

Hélas!

Hélas!

D'AUTRES OFFICIERS et SEIGNEURS du sérail, entrant de même par le fond à droite, par la pointe du pied et questionnant à voix basse.

Comment va-t-il?

ROXELANE.

Hélas!

LES FEMMES et LES OFFICIERS.

Hélas!

DES EUNUQUES du sérail, entrant de même par le fond.

Comment va-t-il?

ROXELANE, sanglotant.

Hélas!

LE CHŒUR.

Hélas!

ROXELANE.

Il est bien bas!
Le médecin vient d'arriver!

LE CHŒUR.

Hélas!
O mortelles douleurs!
Coulez, coulez, nos pleurs!
Pleurons le favori
Si tendrement chéri.
Coulez! coulez, nos pleurs,
Dites-lui nos douleurs!

ROXELANE, à gauche et à demi-voix à Zétulbé pendant que tous les assistants causent à demi-voix entre eux.

Que l'on sanglote,
Qu'on le dorlote,

Ça m'est égal!
C'est l'animal
Le plus quinteux,
Le plus hargneux,
C'est du sérail
L'épouvantail.
Et quelle humeur!
C'est le seigneur,
C'est le sultan,
C'est le tyran
Le plus despote!

ZÉTULBÉ, à demi-voix à Roxelane, lui faisant signe de se taire.

Il vit encor, madame!

ROXELANE et LE CHŒUR.

O mortelles douleurs! etc.

SCÈNE II.

LES MÊMES; MARÉCOT, entrant par la porte du fond et descendant jusqu'au bord du théâtre sans prononcer une parole.

ROXELANE.

Eh bien!... eh bien! quel est l'arrêt du sort?
L'ours est-il mort?

LE CHŒUR.

L'ours est-il mort?
(Marécot ne répond pas et cache sa tête dans ses mains.)

TOUS.

Parlez! parlez! Quel est l'arrêt du sort?
L'ours est-il mort?

MARÉCOT.

Pour ce grand favori
Si puissant, si chéri,

Hélas! tout est fini,
N-i, ni!... C'est fini!

(Cris perçants sur un coup de tam-tam.)

TOUS.

Ah!

LE CHOEUR.

O mortelles douleurs!
Coulez, coulez, nos pleurs!

MARÉCOT, bas à Roxelane.

Quoique je lui fusse attaché,
Je n'en étais pas entiché.

ROXELANE, de même.

Ni moi.

MARÉCOT, de même.

Je n'en suis pas fâché.

ROXELANE, de même.

C'était l'ours le plus mal léché!

MARÉCOT, de même.

Que de caprices
Et que d'orgueil!

ROXELANE, de même.

Qu'avec délices
Je prends son deuil!

MARÉCOT, de même.

Moi je suis franc,
J'en dis autant;
Car il fallait,
Ce paltoquet,
Comme un pontife,
Comme un calife
Le mijoter

Et le flatter,
Ou redouter
Son coup de griffe.

LE CHŒUR, s'adressant à Marécot.

L'ours est donc mort?

MARÉCOT.

Sans doute!

LE CHŒUR qui, a fait quelques pas pour sortir, revient et s'adresse de nouveau à Marécot.

Il est bien mort?

MARÉCOT.

Je vous l'atteste!... mais silence sur son sort,
Car le pacha l'ignore encor!
Son cœur est bon! Il est sensible,
Et si sensible
Que la douleur le rend terrible!
Et qu'il pourrait dans ses regrets
Faire étrangler tous ses sujets.

LE CHŒUR, avec force.

O mortelles frayeurs!
Coulez! coulez nos pleurs!

MARÉCOT, leur faisant signe de se taire.

Mais calmez ces éclats,
Désolez-vous tout bas.

LE CHŒUR, à demi-voix en s'en allant.

Pleurons ce favori
Si tendrement chéri,
Qui même après sa mort
Nous fait trembler encor!

(Ils sortent tous en silence.)

SCÈNE III.

ZÉTULBÉ, ROXELANE, MARÉCOT.

MARÉCOT.

Maintenant que nous sommes seuls, raisonnons sur le danger commun qui doit nous réunir.

ZÉTULBÉ.

Il me semble qu'il faut d'abord aviser aux moyens d'annoncer cette nouvelle au pacha.

MARÉCOT.

Certainement... mais s'il prend mal la chose... celui qui la lui apprendra (Faisant le signe de la strangulation.) risquera un violent mal de gorge.

ROXELANE.

Tout autre que vous.... je ne dis pas... mais vous, seigneur Marécot... son confident, son intime...

MARÉCOT.

Raison de plus... il ne se gênera pas avec moi, tandis qu'avec vous, madame...

ROXELANE.

Moi !

MARÉCOT.

On sait, malgré vos cruautés...

ZÉTULBÉ.

Quel rang vous tenez déjà dans le cœur du pacha...

MARÉCOT.

Et si vous vouliez... on verrait bientôt au favori, succéder la favorite.

ROXELANE.

Qu'osez-vous dire? Et ma vertu! et l'époux que j'ai laissé en France!...

COUPLETS.

Premier couplet.

Près d'un pacha,
Près d'un pacha,
Même en supposant qu'il vous aime,
De son cœur que l'on s'arracha
On obtient à peine un douzième
Près d'un pacha!
(Faisant un geste de dédain.)
Ah!
Ma vertu jamais ne broncha,
Mais si jamais j'ai... quelqu'idée,
Ce n'est pas, j'y suis décidée,
Pour un pacha,
Pour un pacha!

Deuxième couplet.

Près du pacha,
Près du pacha
Toujours je pense à Tristapatte,
(Montrant son anneau de mariage.)
L'époux auquel on m'attacha!
Pour lui même en sanglots j'éclate,
Près du pacha!
(Faisant le geste de pleurer.)
Ah! ah!
Et si jamais ce pauvre chat
Devait craindre un destin funeste,
Ce ne serait pas, je l'atteste,
Pour le pacha,
Pour le pacha!

MARÉCOT.

Vous y réfléchirez... le nôtre a du bon... mais l'essentiel en ce moment...

ROXELANE.

Est tout uniment de le distraire de sa douleur.

MARÉCOT.

C'est ce que je disais.

ZÉTULBÉ.

De l'empêcher d'y penser.

MARÉCOT.

Précisément! Mais comment? par quel moyen?

SCÈNE IV.

Les mêmes; ALI.

ALI.

Seigneur Marécot, deux marchands européens viennent de se présenter à la porte du sérail. Ils prétendent que vous leur avez accordé audience pour ce matin.

MARÉCOT.

Eh! justement! ils ne pouvaient arriver plus à propos, ce sont des commerçants ambulants qui vendent, brocantent et achètent des raretés et des curiosités... j'ai à leur vendre une fourrure superbe, (A part.) celle du favori. (A Ali.) Faites entrer ces négociants estimables et priez-les d'attendre. (Aux deux femmes.) Nous, mesdames, sans rien dire encore au pacha, cherchons, comme vous le disiez, quelque moyen de lui faire oublier le défunt... il s'agit de l'abuser... de le tromper... C'est vous dire que je compte un peu sur vous.

(Il sort par la gauche avec les deux femmes.)

SCÈNE V.

ALI fait signe à LAGINGEOLE et à TRISTAPATTE qu'ils peuvent entrer et s'éloigne.

LAGINGEOLE.

Eh bien! entre donc, Tristapatte! Il n'y a rien à craindre... nous sommes près de l'appartement des femmes! as-tu peur qu'elles te mangent?

TRISTAPATTE.

Non! mais je ne puis entrer dans un endroit où il y a des femmes sans penser aussitôt à la mienne, je l'aimais tant!...

LAGINGEOLE.

Il est vrai que nous l'aimions tant!

TRISTAPATTE.

Hein! j'espère qu'elle pouvait se flatter d'être aimée, celle-là... et la perdre! mais aussi c'est ta faute.

LAGINGEOLE.

Comment? ma faute...

TRISTAPATTE.

Sans doute! sans toi je n'aurais pas été jaloux! Si je n'avais pas été jaloux, je ne l'aurais pas envoyée en avant. Si je ne l'avais pas fait partir en avant, ces maudits corsaires... enfin nous serions encore ensemble... tous les deux.

LAGINGEOLE.

Tous les trois... car où diable vas-tu t'aviser d'être jaloux de ton meilleur ami?... il n'y a pas que moi de bel homme dans le monde, mais tu me trouvais trop beau.

TRISTAPATTE.

J'avais tort.

LAGINGEOLE.

Tu en conviens donc... Mon garçon, il faut se consoler de tout. La perte de ta femme me fait pour le moins autant de peine qu'à toi... mais il ne faut songer en ce moment qu'à notre fortune. J'ai des moyens, de l'imagination, des talents...

TRISTAPATTE.

Laisse-moi donc! c'est avec ça que tu nous as ruinés.

AIR.

A bas les savants!
A bas les talents!
Ça tourne la tête!
J'aime mieux les sots
Et les animaux,
Ça n'est pas si bête.
A bas tous les savants!
Vivent les ignorants!

D'un coup d'fortune tu me tentes;
Un beau jour nous entreprenons
D'réunir des bêtes savantes,
Tous deux nous nous associons.
Nous avions un ours plein d'adresse,
Un chat qui miaulait en *ut*,
Bref des savants de toute espèce...
C'était pire qu'un institut!
Mais tous ces savants, quelle chance!
Mangeaient fort et soir et matin;
Ne pouvant vivre de science,
En route ils sont tous morts de faim!
Avec eux, et je m'en accuse,
Lors, j'ai calmé mon appétit,
Et sans en avoir plus d'esprit
En moi j'ai leur science infuse!

Ah! pauvres animaux savants
S'ils eussent, comme leurs confrères,
Été des bêtes ordinaires
Ils auraient duré plus longtemps!
(A Lagingeole qui veut lui répliquer.)
Oui, t'as beau parler comme un livre,
Je m'explique très-bien leur sort;
Ils avaient trop d'esprit pour vivre;
Ils sont morts!... et j'existe encor!

A bas les savants! etc.

LAGINGEOLE.

Je vois avec peine, Tristapatte, que tu es un ennemi du progrès... mais je t'en ferai faire malgré toi.

TRISTAPATTE.

Et comment?

LAGINGEOLE.

Avec de l'esprit....et j'en ai; de l'effronterie... et tu en as... on se tire d'affaire.

TRISTAPATTE.

Voilà que je suis un effronté maintenant?

LAGINGEOLE.

Enfin, n'est-ce pas toujours toi qui te mets en avant?

TRISTAPATTE.

C'est-à-dire que tu me mets toujours en avant et je commence à en avoir assez... S'il y a quelque danger à courir, quelques coups de bâton à recevoir, c'est toujours pour moi... voilà mes profits!... nous devrions au moins partager.

LAGINGEOLE.

Tout peut se réparer... si nous pouvions faire ici quelque bonne opération de commerce?...

TRISTAPATTE.

Mais je te répète que nous n'avons plus rien.

LAGINGEOLE.

Justement!... c'est comme cela que l'on commence! Si nous avions seulement avec nous cette petite baleine qu'on a pêchée dernièrement dans le journal de Paris, sur les côtes du Holstein... C'était là un joli cadeau à faire à un pacha!

TRISTAPATTE.

Oui; mais nous ne l'avons pas, et ne l'avant pas...

LAGINGEOLE.

Comment dis-tu?

TRISTAPATTE.

J'te parle de la baleine, j'te dis : ne l'avant pas, la susdite...

LAGINGEOLE.

Si tu vas parler comme ça, ici, ça va-t-être gentil... mais silence! on vient! Dis toujours comme moi, et tenons-nous prêts à profiter de toutes les bonnes occasions.

SCÈNE VI.

Les mêmes; MARÉCOT.

MARÉCOT, à part.

J'ai fait tout ce que j'ai pu pour assoupir la fatale nouvelle, et grâce au prophète, le pacha ne se doute encore de rien... je l'ai laissé occupé à regarder des petits poissons rouges qui se remuent dans un bocal, et en voilà au moins pour une bonne heure. Ah! ce sont ces marchands européens. (Haut.) Bonjour, marchands européens, bonjour.

TRISTAPATTE, à part.

Oui... marchands!... sans marchandises...

LAGINGEOLE.

Il est vrai que nous possédons un assortiment comple d'animaux curieux, de bêtes savantes, d'oiseaux les plu, rares.

MARÉCOT.

Cela se rencontre à merveille. Nous qui voulons donner au pacha une petite fête... un divertissement.

LAGINGEOLE.

Une fête!... j'ai ce qu'il vous faut! J'ai l'honneur de vous présenter mon camarade qui danse fort bien sur la corde.

TRISTAPATTE, bas.

Mais tais-toi donc... ce n'est pas vrai...

LAGINGEOLE, de même.

Eh! mon ami! avec un bon balancier tu t'en tireras comme un autre.

MARÉCOT.

Ce n'est pas cela que j'entends, je veux dire quelque rareté en fait d'animaux. (Lagingeole frappe Tristapatte sur le ventre.) Eh bien, c'est bon! Il faut vous dire que le pacha aime beaucoup les bêtes savantes et que nous avions ici un ours blanc qui faisait ses délices.

TRISTAPATTE.

Un ours... nous qui en possédions un si beau!

LAGINGEOLE, vivement, après avoir rêvé.

Un ours, dites-vous?... j'ai justement ce qu'il vous faut.

TRISTAPATTE, bas, à Lagingeole.

Mais tu sais bien qu'il est mort.

MARÉCOT.

Comment, il serait possible!... vous auriez mon pareil?

LAGINGEOLE.

Oh! exactement semblable! excepté, par exemple, qu'il est noir; mais en fait de talents, la couleur n'y fait rien, et je vous livre celui-là pour le premier ours du monde; il a fait l'admiration de toutes les cours et ménageries de l'Europe... En ce moment, il arrive directement de Paris où il avait été appelé par son Excellence le ministre de l'intérieur pour remplacer le bœuf gras qui était indisposé, mais l'indisposition n'a pas eu de suites... Cet ours, dans le séjour qu'il a fait à Paris, a pris les belles manières et la gentillesse des habitants de cette grande ville. Il boit, il mange, pense et raisonne comme vous et moi pourrions faire.

MARÉCOT.

C'est admirable!... c'est admirable!...

LAGINGEOLE.

Il danse comme une personne naturelle de l'Opéra!... Je n'ai pas encore pu lui apprendre à chanter, cela viendra, mais en revanche il pince de la harpe divinement, et il a manqué de figurer dans une représentation à bénéfice.

MARÉCOT.

Ah! mon ami! mon cher ami! nous sommes sauvés!... je prédis à vous et à votre ours le sort le plus brillant! Par exemple, si celui-là ne devient pas le favori du pacha!... mais ce n'est pas tout, le pacha aime aussi les poissons; il aime beaucoup les poissons rares.

TRISTAPATTE.

Il aime le poisson?...

MARÉCOT.

Il adore le poisson, et si vous en aviez un d'une rareté et d'une curiosité...

TRISTAPATTE.

Par malheur nous n'en avons pas.

LAGINGEOLE.

Au contraire.

TRISTAPATTE.

Tu n'as donc pas entendu?... Qu'est-ce que t'a dit monsieur?...

LAGINGEOLE.

Et qu'est-ce que je lui ai répondu?...

MARÉCOT.

J'ai dit, je ne sais pas si je m'explique bien et si je me fais comprendre...

LAGINGEOLE.

COUPLETS.

Premier couplet.

Seigneur, je vous comprends d'avance!
Vous voulez avoir un poisson...

MARÉCOT.

Oui.

LAGINGEOLE.

Un poisson de belle apparence...

MARÉCOT.

Oui.

LAGINGEOLE.

Et qui ne soit pas un goujon...

MARÉCOT.

Non.

LAGINGEOLE.

Un poisson extraordinaire...

MARÉCOT.

Oui.

LAGINGEOLE.

Digne des plus grands potentats...

MARÉCOT.

Oui.

LAGINGEOLE.

Un poisson comme on n'en voit guère...

MARÉCOT.

Oui.

LAGINGEOLE.

Un poisson comme on n'en voit pas,
De ces poissons qu'on admire toujours...

MARÉCOT.

Oui.

LAGINGEOLE.

Eh bien... eh bien ! prenez mon ours !...
Prenez mon ours !

Ensemble.

MARÉCOT.

Eh ! non, non, non, non, non,
Ça n'a pas de raison !
Je demande un poisson,
Et lui me dit toujours :
Prenez, prenez mon ours !
Toujours,
Toujours,
Mon ours,
Mon ours !
Prenez mon ours !

LAGINGEOLE.

Prenez mon ours,
Prenez mon ours !

Mon ours,
Mon ours!
Mon ours!
Prenez mon ours,
Prenez mon ours!

TRISTAPATTE.

Eh! non, non, non, non, non,
Tu n'as pas de raison!
Il demande un poisson,
Et tu réponds toujours :
Prenez, prenez mon ours!
Toujours,
Toujours,
Mon ours,
Mon ours,
Prenez mon ours!

MARÉCOT.

Permettez-moi de vous dire, marchands européens, que nous ne nous entendons pas... laissez-moi vous expliquer.

LAGINGEOLE.

Deuxième couplet.

Mon Dieu, monsieur, je vous devine;
C'est un poisson qu'il vous faudrait!

MARÉCOT.

Oui.

LAGINGEOLE.

Un beau poisson de bonne mine...

MARÉCOT.

Oui!

LAGINGEOLE.

Et qui ne soit pas un roquet!

MARÉCOT.
Oui.

LAGINGEOLE.
Qui du grand Océan nous vienne...

MARÉCOT.
Oui.

LAGINGEOLE.
Qui plongeant et faisant des tours...

MARÉCOT.
Oui !

LAGINGEOLE.
En tout temps sur l'eau se maintienne...

MARÉCOT.
Oui.

LAGINGEOLE.
Et comme on en voit dans les cours,
De ces poissons qui surnagent toujours !

MARÉCOT.
Oui !

LAGINGEOLE.
Eh bien, eh bien ! prenez mon ours,
Prenez mon ours !

Ensemble.

MARÉCOT.
Eh ! non, non, non, non, non, etc.

LAGINGEOLE.
Prenez mon ours, etc.

TRISTAPATTE.

Eh! non, non, non, non, non, etc.

TRISTAPATTE.

Prenez mon ours... il ne sortira pas de là.

MARÉCOT, à part.

Ce marchand européen est insupportable... (Haut.) Votre ours, votre ours fera donc le poisson?

LAGINGEOLE.

Eh oui! sans doute, c'est son état, puisque c'est un ours marin!

MARÉCOT.

Un ours marin! Ah! le pacha en perdra la tête. Mon ami, notre fortune est faite, la vôtre et la mienne.

LAGINGEOLE, bas à Tristapatte.

Entends-tu? notre fortune est faite. (A Marécot.) Et dites-moi, seigneur Marécot, votre pacha est-il bonhomme?

MARÉCOT.

Oh! bonhomme tout à fait. Il est d'une douceur, d'un laisser-aller qui vous étonneront. Parfois, par exemple, et pour un rien, il se fâche, il s'emporte, il vous gronde... il vous tue... mais, l'instant d'après, il n'y pense plus.

LAGINGEOLE.

Le pauvre homme!...

MARÉCOT.

Surtout, il n'aime pas à attendre. Ainsi, hâtez-vous d'amener votre ours. Le pacha... l'illustre Schahabaham, donne aujourd'hui une fête à la sultane favorite qui justement est Française, et puisque vous êtes ses compatriotes, vous et votre ours... ça lui fera plaisir. J'ai encore un autre marché à vous proposer, mais nous en parlerons dans un autre

moment, le pacha ne peut tarder à paraître... hâtez-vous
de quitter ces lieux.

(Il sort.)

SCÈNE VII.

TRISTAPATTE, LAGINGEOLE.

LAGINGEOLE.

Eh bien! que t'avais-je dit, tu l'as entendu? notre fortune
est faite.

TRISTAPATTE.

Ah! çà! mon ami Lagingeole, dis-moi si, par hasard, tu
n'as pas perdu la tête, d'aller promettre au pacha un ours
qui joue et qui danse... et où veux-tu que nous trouvions
une bête comme celle-là?

LAGINGEOLE.

Comment? tu ne devines pas qui est-ce qui est la bête?

TRISTAPATTE.

Ma foi, non!

LAGINGEOLE.

Eh bien! mon ami, c'est toi.

TRISTAPATTE.

Comment! je suis la bête?

LAGINGEOLE.

Oui, c'est toi qui es la bête... car... il ne comprend
rien... ne te rappelles-tu pas que nous avions un ours?

TRISTAPATTE.

Oui, mais il est mort, et il ne nous reste que la peau.

LAGINGEOLE.

Eh bien! je te mets dedans!

TRISTAPATTE.

Comment! tu me mets dedans! Voilà justement ce que je ne veux pas!... tu n'en fais jamais d'autres.

LAGINGEOLE.

Songe donc que tu es justement de sa taille et que tu danses, que tu joues de la harpe. Que diable, je t'avais en vue! le rôle est destiné pour toi.

TRISTAPATTE.

C'est égal! Tu as beau dire... je ne serai pas ours! je ne veux pas être ours! Ça sent trop le bâton!

LAGINGEOLE.

Pense donc à notre fortune!

TRISTAPATTE.

Je me moque bien de la fortune! moi je méprise la fortune, je suis philosophe, et je ne veux pas être ours.

LAGINGEOLE.

Eh! mon ami, l'un n'empêche pas l'autre... Silence, on chante, c'est du côté de l'appartement des femmes.

(Ils s'approchent du pavillon à gauche et écoutent chanter.)

ROXELANE et LES SULTANES, en dehors.

Doux chants d'ivresse
Et de tendresse
Retentit au sérail,
Seule devise
Qui soit permise
En ce joli bercail.

DUO.

TRISTAPATTE.

Ces accents

Que j'entends...
Ah! c'est ma femme, quelle ivresse!

LAGINGEOLE.

Ah! quel bonheur! embrassons-nous!

TRISTAPATTE.

Mais elle parlait de tendresse...

LAGINGEOLE.

Ah! c'est qu'elle pensait à nous.

TRISTAPATTE, blessé.

A nous?... non pas!... à moi!
Je ne sais pas pourquoi
Sitôt qu'il s'agit de ma femme
Tu te mets toujours de moitié.

LAGINGEOLE.

Par dévoûment, par amitié.

Ensemble.

TRISTAPATTE.

C'est ma femme! ma femme,
Le trésor de mon âme!
Et toi, je le conçoi,
Dans tes transports suprêmes
Tu l'aimes, oui tu l'aimes
Par amitié pour moi!

LAGINGEOLE.

C'est ta femme! ta femme,
Ça suffit à mon âme!
Tu l'adores!... et moi,
Bien suprême! je l'aime,
Oui je l'aime, je l'aime,
Par amitié pour toi!

TRISTAPATTE.

Mais elle est au sérail!

LAGINGEOLE.

Ce n'est là qu'un détail!

TRISTAPATTE.

Et ce pacha, dans son ardeur profonde,
M'offre un rival très importun.

LAGINGEOLE.

Nous en aurions bien d'autres dans le monde,
Là du moins nous n'en avons qu'un.
(Se tournant vers la porte du sérail.)
O beauté plaintive!...

TRISTAPATTE.

O beauté naïve!...

LAGINGEOLE.

Charmante captive,
Nous t'enlèverons!

TRISTAPATTE.

Nous t'emmènerons!

LAGINGEOLE.

Nous t'adorerons!

TRISTAPATTE.

Tu serais capable
De braver le danger?

LAGINGEOLE.

Un ami véritable
Doit tout partager.

Ensemble.

TRISTAPATTE.

C'est ma femme, ma femme,
Délices de mon âme!

　　　　Et toi, je le conçoi,
　　　　Dans tes transports suprêmes,
　　　　Tu l'aimes, oui tu l'aimes
　　　　Par amitié pour moi !

　　　　　　　LAGINGEOLE.

　　　　C'est ta femme, ta femme !
　　　　Ça suffit à mon âme !
　　　　Tu l'adores ! et moi,
　　　　Bien suprême, je l'aime,
　　　　Oui je l'aime, je l'aime,
　　　　Par amitié pour toi !

　　　　　　　TRISTAPATTE.

O amour !

　　　　　　　LAGINGEOLE.

　　　Amitié ! double et souverain bien !

　　　　　　　TRISTAPATTE.

　　　Sens mon cœur !

　　　　　　　LAGINGEOLE.

　　　　　　　　　Sens le mien !

　　　　　　　TRISTAPATTE.

　　　Comme il bat !

　　　　　　　LAGINGEOLE.

　　　　　Et le mien !

　　　　　　　TRISTAPATTE.

　　　　　　　　　Et le tien !

　　　　　　LAGINGEOLE et TRISTAPATTE.

　　　　Et le mien et le sien !
O amour... amitié, double et souverain bien !

　　　　　　　TRISTAPATTE.

　　　　C'est ma femme,
　　　　Ma femme !

Et tu l'aimes,
Tu l'aimes,
Par amitié pour moi.

LAGINGEOLE.

C'est ta femme,
Ta femme!
Et je l'aime,
Et je l'aime,
Par amitié pour toi!

TRISTAPATTE, prenant la main de Lagingeole.

Merci, mon ami, merci! mais comment pourrons-nous pénétrer auprès d'elle?

LAGINGEOLE, frappant sur l'épaule de Tristapatte.

Ah! mon ami!...

TRISTAPATTE, effrayé, et jetant un cri.

Ah! qu'est-ce donc?...

LAGINGEOLE.

Une idée sublime, admirable!

TRISTAPATTE.

Cet être-là me fait des peurs à mourir!. Eh bien! quelle idée?

LAGINGEOLE.

Mets-toi en ours!...

TRISTAPATTE.

Encore! Tu vas recommencer ta scène?

LAGINGEOLE.

C'est le seul moyen de te rapprocher de ta femme sans danger et de t'en faire reconnaître.

TRISTAPATTE.

Comment! Tu veux qu'elle me reconnaisse quand je serai en ours!...

LAGINGEOLE.

Sois donc tranquille, je me charge de causer avec elle et de la prévenir en particulier.

TRISTAPATTE.

Tu lui diras donc en me montrant : Il y a quelque chose là-dessous !...

LAGINGEOLE.

Sans doute ! Tu ne peux pas tout faire, je suis trop juste pour l'exiger. (On entend un air de marche.) J'entends le bruit des fanfares, partons et revenons au plus vite.

(Ils sortent.)

SCÈNE VIII.

MARÉCOT, ROXELANE, ZÉTULBÉ, puis SCHAHABAHAM, Esclaves, Musiciens et Femmes du sérail.

LE CHŒUR.

Allah ! Allah ! Allah !
C'est jour de fête,
De grande fête !
Que les cymbales, la trompette
Proclament que le grand pacha,
Que notre maître
Va paraître !
(Schahabaham entre en ce moment.)
Allah ! Allah ! Allah !
Gloire à notre pacha,
A notre bon pacha,
A notre grand pacha,
Au plus grand des pachas qui jamais exista !

SCHAHABAHAM, se bouchant les oreilles.

Assez ! assez !

AIR.

Je ne suis pas un pacha qu'on abuse!
Autour de moi je veux
Que chacun soit heureux!
Oui, dans ma cour je veux
Que chacun soit joyeux!
Quiconque en mes États
Ne s'amusera pas,
Ou bien ne rira pas,
Me sera... signalé
Et de suite... empalé!...

LE CHŒUR, avec effroi et à part.

Empalé!...
Empalé!...
Quiconque en ses États
Ne s'amusera pas,
Ou bien ne rira pas!

(A mesure que Schahabaham passe devant eux, chacun avec un visage impassible se met à rire.)

Ah! ah! ah! ah! ah! ah!

SCHAHABAHAM.

CAVATINE.

Que l'allégresse
Règne sans cesse
En ce séjour!
Que la folie
Charme ma vie!
Car en ma cour
Lorsque je ris, je veux
Que tout rie en ces lieux,
Que tout rie
Que tout rie,
En ces lieux!

(Les éclats de rire accompagnent cette cavatine qui finit en crescendo par un rire général.)

MARÉCOT, s'inclinant devant Schahabaham qui vient de se placer sur son trône, ayant à ses côtés Roxelane.

Premier rayon de lumière éternelle, je viens t'offrir mon hommage et me précipiter à tes sacrés genoux pour baiser la poussière de tes sacrés souliers.

SCHAHABAHAM, lui présentant un pied.

Baise, mon ami, baise!...

MARÉCOT.

L'autre, s'il vous plaît!

SCHAHABAHAM, lui présentant l'autre pied.

Mais sois gai! c'est l'ordre du jour. Ne m'as-tu pas promis que nous aurions une bête curieuse?

MARÉCOT.

Oui, seigneur! un ours marin. (Allant au-devant de Lagingeole.) Voici justement son instituteur... j'ai l'honneur de le présenter à votre grandeur... il parle.

SCÈNE IX.

Les mêmes; LAGINGEOLE.

SCHAHABAHAM.

J'aime beaucoup les ours, moi... ainsi, soyez le bienvenu, mon garçon.

ROXELANE, à part.

Dieux! me trompé-je? C'est Lagingeole, une connaissance de mon époux, l'intime de la maison.

MARÉCOT, à Lagingeole.

Vous pouvez commencer, marchand de raretés!

LAGINGEOLE.

L'ours incomparable amené des forêts du Nord dans Paris, et de Paris dans ces augustes lieux pour les plaisirs du grand, du vertueux, du généreux Scha...

(Il s'arrête.)

MARÉCOT.

Estropier un si beau nom! Schahabaham!

LAGINGEOLE, répétant.

Schahabaham! va paraître à ses yeux.

ROXELANE, à part.

Qu'est devenu Tristapatte?

LAGINGEOLE.

Il ne s'agit point ici, Messieurs et Mesdames, comme tant d'autres pourraient vous le faire voir, comme dans *Ploërmel*, d'une chèvre qui chante l'opéra-comique, ou d'un chien savant qui joue aux dominos ou fait des calculs d'arithmétique...

SCHAHABAHAM.

Comment! des chiens mathématiciens? Est-ce qu'il y en a?

LAGINGEOLE.

J'en attends et j'aurai l'honneur de vous les offrir. Je vais commencer par vous distribuer le programme des exercices.

SCHAHABAHAM.

A la bonne heure! car je n'entends jamais rien à un concert quand je n'en ai pas le programme. (Parcourant le programme.) Ah! je vois que le concert finira par un morceau de la composition de votre ours! la musique est-elle bien de sa composition?

LAGINGEOLE.

Oui, seigneur, lisez le programme!...

SCHAHABAHAM, avec bonhomie.

C'est vrai! c'est imprimé. On l'aura sans doute un peu retouchée... enfin, nous allons en juger.

LAGINGEOLE, qui pendant ce temps a distribué des programmes à toutes les dames du sérail, en remet un à Roxelane en lui disant à voix basse :

Lisez!

ROXELANE, à part.

Que vois-je! (Lisant.) « L'ours est votre époux! »... Dissimulons.

SCÈNE X.

LES MÊMES; TRISTAPATTE, en ours, conduit par UN ESCLAVE.

LE CHŒUR.

C'est charmant, ravissant,
Quel spectacle étonnant!
Oui, l'on ne voit cela
Qu'à la cour du pacha!
C'est charmant, ravissant,
Oui, c'est étourdissant!

LAGINGEOLE.

S'il est connu... c'est par sa politesse.
(A l'ours.)
Avancez-vous, saluez Sa Hautesse!

SCHAHABAHAM.

Il a, ma foi, bon air!
(A l'ours qui s'approche de lui.)
Pas si près! vous pourriez me dévorer, mon cher.
Commencez.

(Lagingeole donne à l'ours un bâton avec lequel il danse; pendant que tout le monde le regarde, Roxelane, debout sur le devant du théâtre chante à part la cavatine suivante.)

CAVATINE.

ROXELANE, regardant l'ours.

Combien ça le change!
O spectacle étrange,
Qui croirait qu'en lui
Je vois mon mari!
N'importe!... d'avance
Et de confiance
Mon cœur a frémi
Et me dit : c'est lui!
C'est lui! c'est lui!
C'est mon mari!...

Malgré l'enveloppe
Qui cache ses traits,
Moi, sa Pénélope,
Je le reconnais!
Mon amour devine
Sous ce noir manteau
Et sa taille fine
Et sa blanche peau!
Mais... mais...

Ensemble.

ROXELANE.

Combien ça le change! etc.

SCHAHABAHAM et **LE CHŒUR.**

Cet ours, c'est étrange,
Danse comme un ange,
Et j'en suis ravi!
Aimable et poli...
Et puis, dans sa danse,
Combien d'élégance!
Ah! j'en suis ravi!
Oui... de lui, de lui,
Moi je suis ravi!

LAGINGEOLE, à l'ours.

Assez!

(Au pacha et aux spectateurs.)
Vous voyez dans sa danse
La force unie à l'élégance!
Messieurs, n'en soyez pas surpris,
Car des leçons, il en a pris
Au grand Opéra de Paris!
Élève de la Ferraris...

(A Schahabaham.)
Un autre jour, cet ours fera le saut de carpe!
Car c'est un poisson!

SCHAHABAHAM.

Oui!

LAGINGEOLE.

Vous le savez?

SCHAHABAHAM, avec impatience.

Eh, oui!
Mais passons au concert! car je serai ravi
De l'entendre griffer un morceau sur la harpe.

LAGINGEOLE, pendant qu'on apporte la harpe.

Nous allons commencer par un air de Lulli,
Puis un air de Duni,
De Grétry,
Monsigny,
Rossini,
Bellini
Et Verdi!
Puis du Donizetti,
Du Fioravanti...

SCHAHABAHAM, l'interrompant.

C'est trop! Je ne veux pas que l'on me mette ainsi
Tant de points sur les I!

LAGINGEOLE, s'inclinant.

C'est joli! très-joli!

SCHAHABAHAM.

Moi je ne veux rien qu'un seul air
Élégant et chantant!

LAGINGEOLE.

Vous voulez de l'Auber?

SCHAHABAHAM.

Très-volontiers! mais d'abord je voudrais
Un air que l'on m'apprit naguère,
Un boléro français.

LAGINGEOLE.

Lequel?

SCHAHABAHAM.

Marlb'rough s'en va-t-en guerre.

LAGINGEOLE, montrant l'ours.

Il va l'exécuter! le motif en solo
Avec variations de l'orchestre...

SCHAHABAHAM.

Bravo!

(L'ours exécute d'abord sur la harpe le motif de *Marlborough s'en-va-t'en guerre.* — Enchantement de Schababaham.)

Très-bien! très-bien!

(Les violons, la flûte, le hautbois jouent successivement des variations, — Indignation de Schababaham qui ne comprend plus.)

Hein! que veut celui-là?
Et puis cet autre?

(Il se lève furieux, se promenant le long de la rampe et s'adressant aux divers musiciens.)

Assez, assez! ce n'est plus ça!
Et puis cet autre encore... ornements superflus!
Qui me gâtent mon air!... je ne le connais plus!

Ensemble.

SCHAHABAHAM.

C'est divin, c'est unique!

De cet air, moi je suis fanatique !
C'est divin, c'est unique !
Jamais on n'entendra
D'air comme celui-là,
D'air comme celui-là !
Tra la la la la !

LE CHOEUR.

C'est divin, c'est unique !
Quel talent, quel goût pour la musique !
Ah ! quel talent lyrique
Que celui du pacha !
Jamais on n'en créa,
Jamais on n'en verra,
Comme celui-là !

SCHAHABAHAM.

On a beau dire! il n'y a que les Européens pour ces choses-là ! Un ours turc n'en ferait jamais autant. Dites-moi, l'homme, comment vous y êtes-vous pris pour instruire cet animal d'une manière aussi surprenante ? Si vous répondez juste, je vous nomme gouverneur de mes enfants.

LAGINGEOLE.

Seigneur, vous prenez un ours !... Il faut pour cela qu'il soit jeune. Cependant, s'il était vieux, ce serait absolument la même chose. Vous l'élevez comme il faut... je dis comme il faut, car là-dessus chacun a sa manière et je n'en puis fixer aucune particulière. Vous lui donnez de l'éducation et il se trouve instruit s'il profite de vos leçons, car s'il n'en profitait pas... ce ne serait pas de votre faute.

SCHAHABAHAM.

Parbleu ! vous m'étonnez autant que votre ours. Mais comment diable avez-vous pu le rendre musicien ?

LAGINGEOLE.

Seigneur, je lui ai appris la musique.

SCHAHABAHAM.

Cet homme s'exprime avec une clarté, une facilité qui me surprennent. (A Lagingeole.) Votre ours sait-il l'allemande et la polka?

LAGINGEOLE.

A vos ordres, seigneur. (A l'ours.) Allons, Rustaud, allez inviter deux de ces dames.

(L'ours va vers Roxelane.)

SCHAHABAHAM.

Il invite Roxelane! c'est admirable!

LAGINGEOLE.

Ne craignez rien, mesdames, c'est un mouton.

(L'ours danse avec Roxelane.)

AIR.

Plus puissants que n'était
L'archet
Dont se servait Orphée,
Tes yeux par un attrait
Secret,
O séduisante fée,
A tes pieds ont traîné
Ce bel ours enchaîné!

SCHAHABAHAM.

Oui, ta grâce sournoise,
O reine des amours,
D'un regard apprivoise
Les pachas et les ours!

LE CHOEUR.

Plus puissants que n'était
L'archet
Dont se servait Orphée,
Tes yeux par un attrait
Secret,

O séduisante fée,
Enchaînent pour toujours
Les pachas et les ours !

(Dans un moment où le pacha tourne la tête d'un autre côté, l'ours presse Roxélane dans ses bras et l'embrasse.)

ROXELANE, bas.

Oh ! ciel ! quelle imprudence !

LAGINGEOLE, regardant Schahabaham, à part.

Les a-t-il vus ?

SCHAHABAHAM, d'un air préoccupé.

Assez !

ROXELANE, à l'ours.

Ah ! je crains son courroux !

SCHAHABAHAM.

Qu'on promène cet ours dans mes jardins !

(A Lagingeole.)
Et vous,
L'homme aux bêtes... restez.

ROXELANE, à part, sortant.

Protège mon époux,
O ciel ! et mon innocence !...

LE CHOEUR.

Allah ! Allah ! Allah !
C'est jour de fête,
De grande fête !
Que les cymbales, la trompette
Proclament que le grand pacha,
Que notre maître
Va paraître !
Allah ! Allah ! Allah !
Gloire à notre pacha,
A notre bon pacha,

A notre grand pacha,
Au plus grand des pachas qui jamais exista!

(Ils sortent tous.)

SCÈNE XI.

SCHAHABAHAM, LAGINGEOLE.

LAGINGEOLE, à part.

Que signifie cela?... se douterait-il?

SCHAHABAHAM.

Ils n'y sont plus... Je voulais vous prévenir d'une chose : c'est qu'il m'est venu une idée.

LAGINGEOLE.

Vrai?...

SCHAHABAHAM.

J'ai d'autres ours dans ma ménagerie, car je ne vous cache pas que je les affectionne singulièrement, et je me disais tout à l'heure que deux ours qui danseraient l'allemande, ce serait bien plus gracieux et bien plus singulier, parce que des femmes, ça dépare... Est-ce que vous ne pourriez pas donner à mes ours quelques leçons de danse?

LAGINGEOLE, à part.

Ah! diable!

SCHAHABAHAM.

Mais moi, je suis pressé de m'amuser, et si vous voulez commencer sur-le-champ, on va vous enfermer avec eux, rien qu'une petite demi-heure... Cela suffira toujours pour les premières positions.

LAGINGEOLE, à part.

Ah! mon Dieu!

SCHAHABAHAM.

Mais il faut vous dépêcher, parce que, voyez-vous, je suis

naturellement la douceur même... mais quand mes gens me fâchent ou m'impatientent...

LAGINGEOLE.

Eh bien ! quel parti prenez-vous ?

SCHAHABAHAM.

Dame ! Je leur fais tout bonnement couper la tête.

LAGINGEOLE.

C'est un moyen, mais...

SCHAHABAHAM.

Moi, je trouve que cela tranche les difficultés.

LAGINGEOLE.

D'accord... mais s'il m'était permis là-dessus de vous présenter mon système d'économie politique...

SCHAHABAHAM.

Comment donc ! présentez-le, je vous en prie.

LAGINGEOLE.

Vous savez sans doute ce que c'est que l'économie politique ?

SCHAHABAHAM.

Allez toujours ! allez toujours !

LAGINGEOLE.

Tenez, c'est moi qui serai l'exemple de l'économie politique ; croyez-vous que mes animaux ne soient pas aussi difficiles à conduire ?... Mais si je leur faisais couper la tête, où diable serait l'économie, je vous le demande ?

SCHAHABAHAM.

C'est vrai !... Cet homme-là est étonnant !...

LAGINGEOLE.

Je me contente de leur faire administrer la bastonnade, une forte bastonnade! encore pas à tous, car il faut aller proportionnellement, et vous sentez que si je la faisais donner à mes serins savants... mais je respecte en eux leur âge et leur faiblesse, et je ne leur donnerais même pas une croquignole.

SCHAHABAHAM.

Comment, une croquignole?

LAGINGEOLE.

Oui, une croquignole.

(Il fait le geste du doigt.)

SCHAHABAHAM.

Ah! vous voulez dire une pichenette?...

LAGINGEOLE.

Non, croquignole est le mot.

SCHAHABAHAM.

Pichenette est plus usité.

LAGINGEOLE.

Tenez, voilà ce qui a tout brouillé en politique. On a cessé de s'entendre sur les mots, et alors...

SCHAHABAHAM.

On dit pichenette.

LAGINGEOLE.

On doit dire croquignole.

SCHAHABAHAM.

Voici justement mon conseiller intime qui s'avance vers nous, nous allons le prendre pour juge.

SCÈNE XII.

Les mêmes; MARÉCOT; puis TRISTAPATTE, dans la volière.

MARÉCOT, entrant d'un air effaré.

Seigneur...

SCHAHABAHAM.

Il ne s'agit pas de cela.

MARÉCOT.

Mais, seigneur...

SCHAHABAHAM.

Tais-toi, tais-toi, te dis-je, et réponds. (Il lui donne une pichenette sur le nez.) Comment appelle-t-on ça ?...

MARÉCOT.

Ça ?...

LAGINGEOLE.

Ne l'influencez pas! (Il lui donne une croquignole.) Oui, ça.

MARÉCOT.

Aïe! Eh bien! ça s'appelle une chiquenaude.

LAGINGEOLE.

Ah bien, alors, croquignole, pichenette, chiquenaude... il y a un langage différent pour toutes les classes de la société.

MARÉCOT.

Seigneur...

SCHAHABAHAM.

Tu peux parler maintenant.

MARÉCOT.

D'après vos ordres, on avait laissé l'ours de monsieur se promener en liberté, et on vient de le surprendre...

SCHAHABAHAM.

Où ça?...

MARÉCOT.

Vous ne le devineriez jamais!... aux pieds de la belle Roxelane.

SCHAHABAHAM.

C'est admirable!... Un ours aux pieds de Roxelane... et avait-il bon air?

MARÉCOT.

Mais l'air de quelqu'un qui fait une déclaration, il paraît que c'est un animal bien caressant que l'ours de monsieur...

SCHAHABAHAM.

Ah! il se lance dans la déclaration, c'est miraculeux!... je n'en ai jamais fait autant.

MARÉCOT.

Du reste, je l'ai fait conduire dans la petite ménagerie, ici près.

LAGINGEOLE, à part.

Grands dieux! dans la ménagerie! pauvre Tristapatte!

MARÉCOT.

Oh! je présume que l'on peut compter sur sa sagesse, car il n'y a dans cette ménagerie que des oiseaux, des singes, des bipèdes enfin.

LAGINGEOLE, à part.

Je respire! (Apercevant Tristapatte à travers les barreaux.) C'est lui, je le vois.

(Ils se font des signes.)

SCHAHABAHAM.

Je n'y tiens plus, il faut absolument que je le voie aux prises avec mon ours de la mer glaciale.

TRISTAPATTE, faisant signe à Lagingeole de refuser.

Dis que je ne veux pas.

SCHAHABAHAM.

Je donne douze mille sequins, s'ils dansent ensemble la gavotte.

LAGINGEOLE, bas à Tristapatte.

Douze mille sequins!...

TRISTAPATTE, de même.

Ça m'est égal, je refuse.

SCHAHABAHAM.

Mais il le faut, ou je me fâche. Eh bien! Marécot, que vous ai-je dit? Allez me chercher la grande ourse de la mer glaciale et l'amenez ici pendant que je vais avertir ces dames du spectacle qui va avoir lieu. (Revenant à Lagingeole.) Croyez-vous réellement qu'ils pourront danser la gavotte?

LAGINGEOLE.

Mais, seigneur...

SCHAHABAHAM.

Oh! je l'ordonne d'abord... ainsi arrangez-vous... Je suis bon naturellement... mais je sais déployer de la sévérité quand il le faut, et si je n'ai pas de gavotte, je fais trancher la tête aux deux danseurs, ainsi qu'à vous, messieurs, et à tous les musiciens... Sur ce, j'ai bien l'honneur de vous saluer.

(Il sort.)

SCÈNE XIII.

MARÉCOT, LAGINGEOLE.

MARÉCOT.

C'est qu'il est homme à le faire! et quel parti prendre!

LAGINGEOLE, à part.

Par exemple, si je sais comment me tirer de là, moi et le pauvre Tristapatte!...

MARÉCOT.

Ah! seigneur Lagingeole, vous me voyez dans un embarras...

LAGINGEOLE, à part.

Parbleu! il n'y est pas plus que moi. (Haut.) Votre ours de la mer glaciale est donc bien méchant?

MARÉCOT.

Le pauvre animal ne fera jamais de mal à personne, il est mort ce matin.

LAGINGEOLE.

Mort, dites-vous?...

MARÉCOT.

Eh oui! et c'est sa peau que je voulais vous vendre, mais le pacha ignore que son favori est défunt... Comment le lui apprendre, maintenant surtout qu'il compte sur lui pour danser la gavotte?... Il ne nous le pardonnera jamais, et je suis un homme perdu.

LAGINGEOLE.

Ah! mon ami, que c'est heureux!... attendez... une idée lumineuse!... Dansez-vous un peu la gavotte?

MARÉCOT.

Je vous avoue que dans ce moment, je n'ai pas trop le cœur à la danse.

LAGINGEOLE.

Il ne s'agit pas de cela... vous dansez la gavotte?

MARÉCOT.

Dame! la gavotte, le rigodon... je ne m'en tirais pas mal autrefois.

LAGINGEOLE.

Eh bien! nous voilà tirés d'affaires... le pacha est bonhomme dans sa férocité et, avec lui, le premier moment une fois passé... Venez, je vais vous expliquer... présider à votre toilette et je cours, après, avertir le pacha que ses ordres sont exécutés et que le bal va commencer.

MARÉCOT.

Comment... qu'est-ce que vous dites donc là?...

LAGINGEOLE.

Oh! ne craignez rien de mon ours. J'en réponds et je ne le quitterai pas. (Écoutant.) Mais quel est ce bruit que j'entends du côté de votre ménagerie?

MARÉCOT.

Quelques-uns de nos animaux qui ont des mots ensemble, cela ne nous regarde pas... venez, venez.

(Ils sortent.)

SCÈNE XIV.

TRISTAPATTE, sortant par-dessus le mur de la petite ménagerie, en désordre, la tête d'ours sous le bras et descendant le long d'un arbre.

Piche!... piche!... Ah! le maudit animal! Il croit peut-être qu'il me fera peur, et que je me laisserai faire... Il m'a joliment mordu malgré ça, mais c'était en traître... Ah! mon Dieu!... quel état que celui d'ours, puisqu'on ne peut même pas se faire respecter d'un singe! J'étais là dans mon coin et je ne lui disais rien, quand il est venu m'attaquer... d'abord le ciel est témoin que ce n'est pas moi qui ai commencé, je suis connu quand même ; mais, malgré ma candeur naturelle, je me suis dit : je suis ours, enfin, et il faut que chacun tienne son rang... je lui ai allongé un coup de griffe, et il m'a mordu. Aïe! faites donc l'ours, après cela, pour vous faire mordre, vous faire bâtonner... je demande s'il n'y a pas de quoi perdre la tête... et dans le désespoir où je suis, je ne sais pas qui pourrait me la remettre. Mais on vient... Dieux! que vois-je? C'est la grande ourse de la mer glaciale. Où fuir? je n'aurai pas le temps de remonter chez moi. Remettons ma tête, il ne me fera peut-être pas de mal, me prenant pour son égal...

(Il remet sa tête.)

SCÈNE XV.

TRISTAPATTE, MARÉCOT.

DUO.

MARÉCOT, en ours blanc.

Le projet est bouffon et peut, sur ma parole,
Réussir!... Il s'agit de bien l'exécuter...

(Apercevant Tristapatte en ours noir.)
Grand Dieu! c'est l'ours du seigneur Lagingeole...
Il m'avait bien promis de ne pas le quitter.

Cet ours m'a l'air sombre et féroce !
Il me cause une peur atroce,
Surtout, oui surtout s'il n'a pas
Fait encor son premier repas.

TRISTAPATTE, à l'autre extrémité du théâtre.

Ah! je ne suis pas à la noce !
Ce monsieur m'a l'air bien féroce
Et me semble fort importun,
Surtout s'il est encore à jeun !

MARÉCOT et TRISTAPATTE, à part.

Je suis en eau !
Et dans ma peau,
Hélas ! je tremble
Je meurs de peur,
Fatale erreur
Qui nous rassemble !
(Tous deux levant la patte.)
O roi des ours,
Sauve mes jours !
Que ta hautesse
M'épargne, hélas !
Je ne suis pas
De leur espèce ;
O roi des ours,
Sauve mes jours
Et viens en aide
A moi, bipède,
Qui n'ose pas !
Faire un seul pas !
(Faisant quelques pas en avant.)
Ah ! si je pouvais par sa chaîne...

MARÉCOT.

Le saisir...

TRISTAPATTE.

Le rattraper!...

MARÉCOT, reculant.

Non, non!...

TRISTAPATTE, de même.

Je n'ose pas!...

MARÉCOT.

C'est lui!

TRISTAPATTE.

C'est lui, sans peine...

MARÉCOT.

C'est lui!

TRISTAPATTE.

Qui pourrait me happer!

MARÉCOT et TRISTAPATTE.

Je suis en eau!... etc.

MARÉCOT, à part.

Tâchons de l'effrayer... de le faire partir.

TRISTAPATTE, de même.

Si je pouvais le forcer à s'enfuir!...

MARÉCOT et TRISTAPATTE, cherchant à se faire peur.

Hou! hou! hou! hou! hou! hou!
(S'effrayant mutuellement.)
Non, non, il est sauvage
Il devient furieux!
Ah! redoutons sa rage
Et fuyons de ces lieux!
Fuyons! fuyons... sa griffe et son courroux!

(En se sauvant chacun d'un côté opposé, ils se heurtent et tombent tous les deux à terre. Dans le choc, leurs têtes tombent, ils se regardent et se reconnaissent.)

TRISTAPATTE, assis à terre.

Quoi ! c'est vous ?

MARÉCOT, de même.

Quoi ! c'est vous ?

TRISTAPATTE.

Oui, c'est lui !

MARÉCOT.

C'est bien lui !

TRISTAPATTE.

Vous êtes donc aussi
Dans les ours ?

MARÉCOT.

Vraiment oui !

MARÉCOT et TRISTAPATTE.

Plus d'effroi ! quelle fête !
Quel bonheur inouï
Me fait dans une bête
Rencontrer un ami !
(Tous deux se tendant la main.)
Touchez là ! touchez là !
Votre main ! votre patte !
Nous allons, je m'en flatte,
Duper notre pacha.

MARÉCOT.

C'est lui !... c'est son cortège...

TRISTAPATTE.

Il vient ! entendez-vous ?

MARÉCOT.

Eh vite ! à notre poste ! ou bien c'est fait de nous !

(En se relevant, ils ramassent précipitamment leurs têtes et les troquent sans s'en apercevoir.)

SCÈNE XVI.

Les mêmes; SCHAHABAHAM, et toute sa Cour, ROXELANE, LAGINGEOLE.

LE CHŒUR.

Allah! Allah! Allah!
Célébrons notre grand pacha,
Notre excellent pacha,
Notre illustre pacha,
Le plus grand des pachas qui jamais exista!

SCHAHABAHAM à Lagingeole.

Allons! et qu'à l'instant la gavotte commence!

LAGINGEOLE, s'inclinant.

Oui, monseigneur, vous serez satisfait.

SCHAHABAHAM, apercevant les deux ours qui ont changé de tête.

vois-je? ô ciel!

ROXELANE, à part.

Quelle imprudence!

LAGINGEOLE, de même.

Ah! les maladroits! qu'ont-ils fait?

LE CHŒUR.

Allah! Allah! La singulière chose
Et par quel inconnu pouvoir,
Cet ours, dans sa métamorphose,
Est-il moitié blanc, moitié noir!

LAGINGEOLE, à Roxelane et aux femmes.

Je vais être leur interprète :

Oui, vos beaux yeux, sur mon honneur,
Peuvent faire tourner la tête.

SCHAHABAHAM.

Mais non la changer de couleur.

LE CHŒUR.

Allah ! Allah! La singulière chose, etc.

SCHAHABAHAM.

Silence!... Au fait, comment se fait-il que mon ours blanc ait la tête noire et mon ours noir la tête blanche?...

LAGINGEOLE.

C'est la chose la plus aisée à comprendre... (A part.) Que le diable les emporte!

SCHAHABAHAM.

Aisée à comprendre... c'est aisé à dire ! Expliquez-vous donc ?

ROXELANE, à part.

O ciel! comment reconnaître mon époux dans ce chaos d'ours ?

LAGINGEOLE.

Messieurs et mesdames, vous n'êtes pas sans avoir lu M. de Buffon et le traité d'Aristote sur les quadrupèdes?...

SCHAHABAHAM.

Certainement, nous les avons lus ; néanmoins, comment se fait-il qu'un ours qui avait la tête noire l'ait blanche maintenant?

LAGINGEOLE.

Vous allez me comprendre tout de suite, parce que, Dieu merci, je ne parle pas à une buse, mais au grand Schahabaham, le prince le plus éclairé de l'Orient.

SCHAHABAHAM.

Vous êtes bien bon. Voyons.

LAGINGEOLE.

Cet animal fidèle sait qu'il a changé de maître, et vous êtes beaucoup trop instruit pour ne pas connaître l'effet de la douleur sur les âmes sensibles... On a vu des personnes naturelles qui, dans l'espace d'une nuit, voyaient blanchir leurs cheveux à vue d'œil.

SCHAHABAHAM.

Ça, c'est vrai, je comprends... mais cet autre qui est blanc et qui a la tête noire?

LAGINGEOLE.

Ah! pour celui-là, je vous avoue que je suis fort embarrassé et je ne crois pas... à moins cependant qu'il n'ait pris perruque, ce que je n'ose affirmer.

SCHAHABAHAM.

C'est impossible! Je sais qui peut me rendre compte.. (Il appelle.) Marécot!

MARÉCOT, en ours, se retournant vivement.

Plaît-il?...

SCHAHABAHAM.

Il me semble que l'un des deux a parlé.

LAGINGEOLE.

C'est impossible!

SCHAHABAHAM.

Je l'ai bien entendu peut-être... je veux savoir lequel m'a répondu.

LAGINGEOLE.

Vous voyez qu'ils ne vous répondent pas.

SCHAHABAHAM.

C'est qu'ils y mettent de l'obstination, mais je vais leur apprendre à parler, moi! qu'on leur coupe la tête!

ROXELANE.

Ah! seigneur, qu'allez-vous faire?... au nom de Mahomet!...

SCHAHABAHAM.

Que ces femmes sont coquettes! parce qu'on a surpris un de ces ours à ses pieds... mais je ne sais rien vous refuser, je vous permets d'en sauver un : point de pitié pour l'autre.

ROXELANE, bas.

Que faire? comment le reconnaître?... Seigneur Lagingeole, lequel est mon mari?

LAGINGEOLE.

Je n'y suis plus... je n'y entends plus rien.

Devine si tu peux, et choisis si tu l'oses...

ROXELANE.

Je n'ose.

SCHAHABAHAM.

Mon grand estafier, tranchez le différend, apportez-moi leurs têtes.

MARÉCOT et TRISTAPATTE, déposant leurs têtes aux pieds du pacha.

Tenez, voilà les têtes demandées.

SCHAHABAHAM.

Qu'est-ce que c'est que ça? mon conseiller en ours? Et quelle est cette autre bête?...

ROXELANE.

Seigneur, c'est mon époux!...

SCHAHABAHAM.

Qu'entends-je?... ainsi donc tout le monde me trompait ! Ces ours n'étaient pas des ours ; et madame qu'on m'avait donnée pour demoiselle... Vengeance !

FINALE.

LE CHOEUR.

Grâce ! grâce ! pour tant d'audace !

SCHAHABAHAM.

Assez !

LE CHOEUR.

Grâce ! grâce ! grâce !

SCHAHABAHAM.

Vous me rompez la tête... assez !

LE CHOEUR.

Grâce et pardon !

SCHAHABAHAM.

Eh ! c'est bien mon intention !

LAGINGEOLE.

Quoi ! vous pardonnez cette ruse ?

SCHAHABAHAM.

Je pardonne quand on m'amuse,
Et vos frayeurs m'ont amusé.
(A Tristapatte.)
A remmener sa femme il est autorisé.

ROXELANE.

Merci !

TRISTAPATTE.

Merci !

LAGINGEOLE.

Merci

Pour nous!

(A Tristapatte.)
Pour toi, mon ami!
Mais voici bien une autre affaire!
Schahabaham qui se fâcha,
Est pourtant encor moins sévère
Que le public... ce grand pacha.

TRISTAPATTE.

Que faire?

LAGINGEOLE.

Parle-lui.

TRISTAPATTE.

Je tremble!

LAGINGEOLE, à Marécot.

Vous!

MARÉCOT.

Moi? Je n'ose.

LAGINGEOLE.

Allez toujours!
Ou parlons-lui tous trois ensemble,
Tout bonnement et sans discours.

MARÉCOT.

Hardi!

TRISTAPATTE, tremblant toujours.

Hardi!

MARÉCOT, LAGINGEOLE et TRISTAPATTE, au public.

A vous seuls j'ai recours,
Messieurs, messieurs... prenez mon ours,
Prenez mon ours!

Ensemble.

TRISTAPATTE.

Eh! non, non, non, non, non,

Messieurs, pas de façon ;
Nous vous en faisons don,
A vous seuls j'ai recours,
Prenez, prenez mon ours,
   Le roi des ours,
   Un amour d'ours,
   Prenez mon ours !

MARÉCOT.

Eh ! non, non, non, non, non,
Il est très-doux, très-bon ;
De plus il a bon ton,
Il fréquente les cours,
Prenez, prenez mon ours ;
   Le roi des ours,
   Un amour d'ours !
   Prenez mon ours.

LAGINGEOLE.

Prenez mon ours !
Prenez mon ours !
   Mon ours !
   Mon ours !
   Mon ours !
Prenez mon ours !
Prenez mon ours !

TABLE

	Pages.
Madame Grégoire.	1
La Beauté du Diable	121
La Fiancée du roi de Garbe	179
L'Ours et le Pacha	317

Soc. d'imp. Paul Dupont, Paris, 41, r. J.-J.-Rousseau. 560.10.80.

www.ingramcontent.com/pod-product-compliance
Lightning Source LLC
Chambersburg PA
CBHW070454170426
43201CB00010B/1329